¡DESMONTANDO MITOS ANTIVACUNAS!

UNA SÁTIRA HILARANTE DE CONFINAMIENTOS, EXPERTOS Y LA LOCURA COVID

PROF. OISÍN MACAMADÁIN
(EXPERTO)

THE TERMONFECKIN INSTITUTE OF EXPERTISE

ÍNDICE

Publicado por primera vez en 2025.

Formateado con Vellum

Para el Dr. B.

¡ELOGIOS PARA EL PROF. OISÍN MACAMADÁIN!

'¡Por fin! Un libro para *realmente* 'cabrear' a los antivacunas. ¡Je l'adore!'

Presidente Macaroni

'¿Y el Prof. MacAmadáin nunca fue un joven líder del WEF (World Economic Forum)? Es apenas creíble – ¡aquí hay alguien que verdaderamente 'lo entiende'!'

Santa Klaus

'Espera, ¿estoy en este libro? Déjame asegurarme de que mi cabello esté bien.'

Presidente Trudy-Wudy

'Uf, por un segundo me estaba preocupando un poco.... gracias a Dios por Oisín.'

CEO de Pfizzle

'La flor y nata de la sociedad irlandesa ha sido agasajada con la sabiduría de mi colega Oisín en las páginas de *The Oirish Times* casi todos los días durante los últimos dos años. Que ahora plasme sus pensamientos en un libro es simplemente la guinda del pastel. Los irlandeses somos verdaderamente los mejores en todo y nuestra respuesta a la pandemia lo demuestra realmente. El libro de Oisín encapsula esta verdad de manera maravillosa.'

Gubnet O'Foole, corresponsal residente de *Oirish Times*.

'Extremadamente inteligente, erudito, perspicaz. Un verdadero polímata... el experto de expertos. ¿Qué haríamos sin él?'

El autor

PRÓLOGO DEL DR. ANTHONY FAUCET

Nunca olvidaré la primera vez que conocí al Prof. Oisín MacAmadáin. No solo su encantador acento irlandés me cautivó por completo, sino que supe en ese mismo instante que este era un hombre cuya experiencia necesitaría algún día.

Sin embargo, debo admitir que cuando recibí una invitación para la inauguración del Instituto Termonfeckin de Experticia (T.I.E.), no estaba seguro de si aceptar. Para mi vergüenza, en realidad no había oído hablar de la bulliciosa metrópolis irlandesa de Termonfeckin en el hermoso condado de Louth, pero cuando leí más sobre la visión que el Prof. Oisín MacAmadáin tenía para el lugar, bueno, supe que simplemente tenía que conocerlo.

El Instituto Termonfeckin de Experticia es, literalmente, sobresaliente en su propio campo y ¡qué campo es! Las hermosas vistas del río Boyne a lo lejos y el ganado pastando en ranúnculos justo enfrente – realmente no se podría tener un entorno más propicio para la educación. Además, si uno creyera su sitio web (y no veo ninguna razón para no hacerlo), el T.I.E. ha ascendido rápidamente hasta convertirse en uno de los institutos educativos líderes en el mundo. Esto es aún más notable dado que tiene una facultad de solo uno. Sí, lo adivinó: el propio Prof. Oisín MacAmadáin, Rector, Jefe de Departamento y Profesor, una verdadera Trinidad de sabiduría y educación si alguna vez hubo una.

Y su tema es simplemente la experticia misma. A cualquier cosa que se dedique, la comprende de maneras que nadie más puede. Es demasiado modesto para admitirlo él mismo, pero el hombre es claramente un genio total.

Y es por eso que cuando el mundo fue golpeado por la mayor amenaza que jamás haya enfrentado en forma de Covid-19, supe que este era el hombre al que necesitaba llamar. Como era de esperar, Oisín fue su yo complaciente. Juró que llegaría al fondo de todo lo relacionado con el virus y compartiría todos sus aprendizajes conmigo (aunque le dije que no se preocupara demasiado por si venía de un murciélago o un gato o un pangolín o, ya sabes, un laboratorio o algo así, nosotros investigaríamos esa parte).

Entonces quedé tan impresionado por todo lo que Oisín me dijo que inmediatamente lo nombré asesor especial del grupo de trabajo del gobierno de EE. UU. para supervisar la pandemia. Creo que, cuando leas este libro, podrás ver claramente cómo el agudo pensamiento de Oisín ha influido en la respuesta en EE. UU. y, en última instancia, por lo tanto, en la mayor parte del mundo. Verdaderamente, tenemos mucho que agradecer cuando se trata de expertos y a nadie más que al Prof. MacAmadáin. Me quito el sombrero ante ti!

Pero este libro en particular no se centra tanto en las excelentes políticas de salud anti-Covid que personas como el Prof. MacAmadáin han ideado para todos nosotros. Más bien, en este libro, nos hace a todos el gran servicio de disipar los peligrosos mitos antivacunas que circulan tan perversamente en línea. Léelo a tus amigos, léelo a tus seres queridos y léelo a ti mismo cuando estés en la sala de espera para tu 7ma dosis de refuerzo. Es un libro para saborear: solo puedo recomendártelo de todo corazón.

Atentamente,
Dr. Anthony Faucet

INTRODUCCIÓN

Mi nombre es Prof. Oisín MacAmadáin y soy un experto.

He escrito este libro para contrarrestar las patentes falsedades que están siendo propagadas por teóricos de la conspiración en todas partes sobre la mayor crisis que nuestro mundo ha enfrentado jamás.

Esta desinformación está siendo difundida por extremistas entre nosotros. En particular, está siendo difundida por teóricos de la conspiración, activistas de extrema derecha, activistas que están aún más a la derecha que esos activistas, y activistas que son tan, tan de derecha que marchan al paso de la oca mientras duermen. Estas personas afirman preocuparse por ideales como la democracia, la libertad de expresión y el debate científico abierto. Bueno, Hitler dijo que a él también le importaban ese tipo de cosas. O al menos creo que sí. No presté mucha atención en la escuela durante esa lección, pero el punto es que estas personas son peligrosas y DEBEN ser silenciadas. En eso estoy seguro de que todos podemos estar de acuerdo.

Por eso he escrito este libro. He tomado mis muchos

años de experiencia y todas las habilidades de pensamiento crítico que he desarrollado a lo largo de mi larga e increíblemente distinguida carrera y he plasmado argumentos a prueba de balas contra el tipo de afirmaciones extravagantes que los negacionistas del Covid presentan. El objetivo es ayudaros a callar a estos lunáticos de una vez por todas. Entonces, todos podremos volver a MANTENERNOS SEGUROS, vacunar a TODOS (tanto humanos como no humanos), vacunar a todos OTRA VEZ (muchas veces, de hecho) y redoblar nuestros esfuerzos para eliminar esta horrible enfermedad PARA SIEMPRE.

Parafraseando a alguien que sin duda habría estado en el lado correcto de esta batalla (porque reconocería que esta crisis actual es mucho peor que la que él enfrentó, y Dios me perdone, pero no puedo creer que esté usando a un británico aquí para dar un ejemplo, pero aquí va):

'Seguiremos hasta el final, lucharemos contra este virus dondequiera que esté y en todas sus miles de variaciones, ahora y en los siglos venideros. Lo combatiremos en los mares y océanos (porque nunca se sabe dónde podría aparecer a continuación). Lo combatiremos con creciente confianza en el aire (o quizás simplemente detengamos todos los viajes aéreos, excepto para los muy ricos y para los políticos, por supuesto, pero tendrán que usar mascarillas, al menos cuando sean fotografiados), defenderemos nuestra isla, sea cual sea el costo, lo combatiremos en las playas (bueno, no puedes ir a la playa a menos que esté a menos de 5 km de tu casa, eso es), lo combatiremos en los campos (pero solo durante tu ejercicio diario y no en otros momentos) y en las calles (¡¿qué demonios estarías haciendo en las calles?!); nunca nos rendiremos, e incluso si, lo que no creo ni por un momento, esta Isla fuera subyugada y estuviera muriendo de hambre, entonces el resto de nuestros camaradas en gobiernos de todo el mundo continuarían la lucha, hasta que el Nuevo Orden Mundial, con todo su poder y fuerza, se presente para el rescate y la liberación de lo viejo.'

Estoy seguro de que Winston aprobaría que yo canalizara sus palabras aquí.

Me gustaría aprovechar esta oportunidad para agradecer a mi editora, Máire Ní Fheadair, la única y perenne estudiante de posgrado del Instituto de Expertos de Termonfeckin, por revisar el texto con sus propios ojos (bastante) expertos. Por supuesto, no todos podemos hacerlo todo bien y, por lo tanto, cualquier error que quede en este libro es únicamente su responsabilidad.

También me gustaría dedicar este libro a mi padre, un hombre que realmente no era tonto y que detectó mi propia agudeza intelectual a una edad temprana. Qué triste me pone no poder decirte en persona, papá, que justo ayer recibí una llamada de una importante empresa de redes sociales pidiéndome que dirigiera su Departamento de Verificación de Hechos... oh, si tan solo pudieras estar aquí conmigo ahora... bueno, te lo contaré por teléfono más tarde y, claro, nunca se sabe, quizás te dejen salir antes de lo que pensamos. En cualquier caso, cada día hago todo lo posible por hacer justicia al ADN MacAmadáin.

Finalmente, gracias a mi querida esposa. Cuántas veces nos hemos consolado mutuamente en los últimos años y qué tiempos difíciles hemos enfrentado. Pero incluso cuando pensábamos que no quedaban más series en Netflix para ver, claro, ¡¿no siempre encontrábamos una más? Todo mi amor para ti, mi querida, querida Assumpta.

¡Dicho todo lo anterior, espero que este libro os ayude a armaros en la gran lucha contra la desinformación que se está extendiendo por las regiones más recónditas de internet!

Atentamente y por favor, por el amor de Dios, manténganse extremadamente seguros,

Prof. Oisín MacAmadáin

Para consultas de prensa, por favor escriba a: <oisinmaca madain@icloud.com>

1

CAPÍTULO UNO: ¡DESMONTANDO MITOS NEGACIONISTAS DEL COVID!

Bueno, para empezar este libro, abordaremos algunas de las mentiras más atroces que los negacionistas del Covid difunden sobre el virus, ya saben, cosas como sus supuestos orígenes dudosos, su tasa de letalidad por infección 'no tan mala' (!) o la noción de que los confinamientos no son realmente la mejor idea después de todo.... pero antes de entrar en ese desmantelamiento de mitos, comencemos este capítulo con una nota más positiva y recordemos primero los primeros días de la pandemia, cuando la historia mundial cambió para siempre y para mejor....

Lecciones de China

Todos tenemos mucho que agradecer a los chinos. Porque fueron ellos quienes nos alertaron sobre la grave seriedad de este virus en primer lugar.

Nunca olvidaré ver los videos que salían de China en los primeros días, uno con un tipo caminando por una plaza concurrida, estornudando y luego él y todos a su alrededor cayendo muertos. O ese video de un pequeño pueblo a las afueras de Wuhan que mostraba cientos de cadáveres siendo picoteados por cuervos en la niebla y personal médico con trajes Hazmat buscando desesperadamente, y sin éxito, encontrar a una sola persona que aún pudiera estar viva.

Y no solo nos mostraron cuán grave es esta enfermedad, sino que nos mostraron exactamente la mejor manera de lidiar con ella. De hecho, a veces en la ciencia se necesita un pensamiento valiente y nuevo para desmentir viejas formas de ver las cosas... ya saben, verdaderos momentos Da Vinci. Y eso es exactamente lo que China logró cuando instauró un toque de queda en Wuhan, lo rodeó con tanques y el ejército, y disparó a cualquiera que se atreviera a salir de sus casas. Por qué no siempre tratamos los virus respiratorios de esta manera, nunca lo sabré, pero el tipo que se le ocurrió esto necesita un Premio Nobel, sin duda alguna.

Y así el mundo miró, escuchó y luego copió y, francamente, nunca hemos mirado atrás. De esta manera, el pensamiento científico fue elevado a alturas antes inimaginables gracias al genio chino.

Pero, tengo que decir, de ninguna manera era seguro que el enfoque chino fuera adoptado en todas partes. Un momento clave fue cuando el Covid llegó a Italia.... claro, ¿cómo lo manejaría esa gente ultrasociable? Bueno, observaron lo que estaba sucediendo en Wuhan y decidieron, como creo que dice el viejo refrán, tomar el regalo de la boca del caballo: '¡Todos los ciudadanos deben permanecer ahora en casa y a partir de este momento solo interpretar sus arias y operetas desde sus balcones!' cantó el ministro de salud. Para mí, personalmente, este fue un momento especial en la historia de la ciencia, ya que hizo mucho más probable que el resto de Europa demostrara un poco de sentido común y siguiera la estrategia de confinamiento de China (aunque si pudiera ser crítico con una cosa y realmente odio serlo, pero, en retrospectiva, el gobierno italiano claramente no apreció la distancia que las gotitas con Covid son capaces de recorrer una vez expulsadas por los pulmones bien entrenados de una soprano o un barítono.... solo podemos perdonarlos, hasta Virgilio asiente o lo que sea que digan, y solo podemos esperar que la próxima vez se pida a la gente que cante en interiores y solo cuando estén solos en la habitación, por supuesto).

Ok, así que Italia se unió y todas las miradas se volvieron entonces hacia el Reino Unido y hacia un tal Prof. Neil Ferguson del Imperial College de Londres y asesor especial del gobierno. Un modelador experto, aplicó su mente entrenada a la cuestión de cuántas personas mataría el Covid en el Reino Unido y, en resumen, su conclusión fue que sería una cantidad bastante terrible. Y así, para evitar este escenario desastroso, sabía que sería necesario un confinamiento. Pero, ¿cómo persuadir al público británico? Bueno, si el gobierno italiano pudo salirse con la suya, ¿por qué no Johnson y Cía.? Y así aconsejó a Boris que siguiera el guion (de hecho, el hombre hasta ese momento había estado haciendo de Churchill sobre la necesidad de mantener la calma y seguir adelante o alguna tontería similar). Afortunadamente, por una vez Boris tuvo la capacidad de reconocer una inteligencia superior a la suya y así el Reino Unido se confinó de forma contundente.

Y, me alegra decir, ¿no hicimos también nosotros en el Instituto de Expertos de Termonfeckin nuestra propia contribución a la clara necesidad de confinamientos? Ahora, nuestros modelos fueron aún más cautelosos que los del Prof. Ferguson (brillante como es el hombre, por supuesto) y los invitaría a todos a leer nuestro artículo que se encuentra fácilmente en línea (su título es 'La próxima gran hambruna de Irlanda: Preparándose para la inminente catástrofe del Covid'). Pero la esencia es que predijimos que suburbios enteros de Cork, Galway y Dublín serían arrasados y que un confinamiento era completa y absolutamente esencial. Afortunadamente, el gobierno escuchó y se confinó, y nada menos que el Día de San Patricio. De hecho, en el T.I.E. seguimos orgullosos de nuestro papel en la respuesta de Irlanda al Covid. (Sería negligente, sin embargo, no señalar que todavía creemos firmemente que el gobierno también debería haber seguido nuestro consejo para la transferencia inmediata y a gran escala de poblaciones urbanas a campamentos socialmente distanciados en las Tierras Medias, pero, claro, nos aseguraremos de impulsar eso la próxima vez.)

En cualquier caso, ya fuera gracias a China, Italia, Ferguson o, de hecho, al trabajo de un servidor, en todas partes se siguió el ejemplo, desde Perú hasta Marruecos, Alemania y Turkmenistán. De hecho, la gente seguramente sabe lo que es bueno si se lo restriegas lo suficientemente fuerte en la cara... y, por suerte, la mayoría de la gente sabía que el confinamiento era algo bueno y que salvaría innumerables vidas. ¡Uf, nos salvamos por poco!

La Declaración de la 'Great Barrington'

Y realmente quiero decir que nos salvamos por poco porque, extrañamente, no todos los científicos parecen estar de acuerdo en que los confinamientos han salvado innumerables vidas y, ¿qué pasaría si esa panda de idiotas hubiera estado dirigiendo el espectáculo... no son precisamente el grupo más brillante, ¿verdad? Quiero decir, los confinamientos equivalen a menos casos, lo que equivale a menos muertes.... tan obvio que hasta un niño pequeño podría entenderlo. Pero este es un libro sobre cómo contrarrestar la desinformación y por eso... ¡vamos a desmentir algunos de sus primeros mitos!

Ahora, una de las formas en que a los negacionistas del Covid les gusta dar respetabilidad a sus puntos de vista es sugerir que expertos prestigiosos consideran los confinamientos como un gran error. ¡Oh, pero ¿qué hay de la Declaración de Great Barrington?, claman, refiriéndose a una pequeña reunión de algunos 'científicos' de sillón y totalmente marginales que, por lo que yo sé, piensan que el mejor enfoque para el Covid es fomentar deliberadamente brotes de la enfermedad en residencias de ancianos de todo el mundo. Bueno, ellos no dirían eso, por supuesto, pero entonces, ¿qué más se podría esperar de ellos?

¿De qué trata entonces la Declaración de Great Barrington? Hay tres protagonistas principales a los que culpar y son: el Prof. Jay Bhattacharya (Profesor de Medicina, Universidad de Stanford), la Prof. Sunetra Gupta (Profesora de Epidemiología Teórica, Oxford) y el Prof. Martin Kulldorff (Profesor de Medicina, Harvard hasta 2021). Ahora, bien podrían estar pensando 'Oh, pero Oisín, estas personas suenan terriblemente distinguidas, ¿no deberíamos escuchar lo que tienen que decir?' Honestamente, amigos, piensen más a fondo, porque, como siempre, el diablo está en los detalles. Por ejemplo, dudo mucho que las Stanford, Oxford o Harvard en cuestión sean las instituciones que normalmente asociaríamos con esos nombres. De hecho, ¿cómo sabemos que no son solo pequeñas universidades en apuros en los suburbios de esas ciudades que han decidido aferrarse a los nombres de sus prestigiosos vecinos educativos con la esperanza de atraer a algunos estudiantes chinos desprevenidos? Ya saben, un poco como cuando vuelan con Ryanair y creen que van a una ciudad importante solo para descubrir, una vez que han aterrizado, que en realidad están en algún lugar remoto a dos horas de donde pensaban ir. El Prof. Bhattacharya no lo dirá explícitamente, pero les apuesto lo que quieran a que en realidad es parte de la facultad del Politécnico de Stanford.

¿Qué tipo de ideas de extrema derecha están difundiendo estos, entonces? ¡Vamos a desglosarlas!

Básicamente, hablan de un modelo de 'protección focalizada'.... proteger a los vulnerables a la enfermedad, los ancianos y los comórbidos, y por lo demás permitir que la vida continúe con normalidad para el resto de nosotros. ¡Dios mío, ¿esto es lo que pasa por pensamiento científico hoy en día?! Todo me suena inherentemente discriminatorio y edadista. ¡Oh, entonces, confinar a todas nuestras abuelas mientras todos los demás pueden seguir con su vida normal, ¿es eso? Vivimos en sociedades donde la IGUALDAD importa y si dejamos que una pandemia viral destruya los principios que tanto valoramos, ¿qué diría eso de nosotros? Si la abuela se queda en casa, entonces todos nosotros también, y punto.

¿Y cómo sabemos siquiera que su estrategia hace que nuestras abuelas estén más seguras? Estos científicos marginales sin duda usarían argumentos como: 'Bueno, si la abuela se queda en casa, entonces no importa realmente si el resto de la población contrae el virus, ¿verdad? No es como si el virus pudiera atravesar las paredes de su casa....' ¡Oh, Dios mío! ¿Cómo saben estos idiotas si el Covid-19 puede o no atravesar paredes? Si puede viajar por todo el mundo desde China, entonces solo Dios sabe de lo que es capaz. Honestamente, el nivel intelectual de esta gente.

Realmente es mejor que confinen a todos, tanto a los viejos como a los jóvenes. Esa es la forma más segura de hacer las cosas y, para ser honesto, algunas abuelas podrían de otra manera tener ideas y invitar a sus nietos a tomar el té o algo... ya saben cómo son. Así que es mejor que sepan con certeza que deben mantenerse SEGURAS quedándose solas en casa. Muchas de ellas están seniles de todos modos y necesitan que se les diga qué hacer. ¿No fue Gandhi quien dijo que se puede saber cuán civilizada es una sociedad por cómo trata a sus animales? Bueno, lo mismo ocurre con los ancianos, diría yo, y mantenerlos confinados en sus hogares es claramente lo mejor para ellos.

No es que siempre se den cuenta de esto, por supuesto. El otro día iba en un taxi y el taxista me contó una historia triste o algo así sobre cómo el gobierno no debería quitarle a su madre de 90 años el derecho a elegir reunirse con su familia. Era su riesgo y ella quería verlos y así sucesivamente. Honestamente, ¡qué clase de mujer es esta?! Quiero decir, sé con certeza que si yo tuviera 90 años, lo último que querría sería reunirme con mi familia. Sería agradable tener un descanso de ellos por fin y estaría muy agradecido al gobierno por facilitar tal oportunidad.

Por supuesto, deseo dejar muy claro que el hecho de que haya estado hablando del peligro mortal que el Covid representa para los ancianos NO significa que yo apoye la idea antivacunas de que algunas personas corren más peligro que otras. No, permítanme ser muy claro: todos corremos un gran peligro de morir por esta terrible enfermedad, desde el más joven hasta el más anciano. A diferencia de este grupo de Great Barrington, el Covid no discrimina.

Verdaderamente, ya seas viejo o joven, no hay un grupo 'sin riesgo' y por eso, por el amor de Dios, por favor, quédense en casa. De hecho, si podemos concluir algo sobre el grupo de Great Barrington, es que es seguramente el epítome de la brigada '¡Let it rip!' (Trad: '¡Déjalo salir!'). ¿Y qué significa 'RIP'? Sí, lo han adivinado: 'Rest in Peace' (Descansa en Paz). Honestamente, los millones que habrían muerto si estos hubieran estado a cargo.... bueno, es demasiado horrible incluso para contemplarlo.

De todos modos, a pesar de todo lo que acabo de decir, debo admitir que todavía estaba algo preocupado cuando me enteré por primera vez de la aparición de este grupo, así que inmediatamente le escribí a mi amigo el Dr. Faucet:

'De: Prof. Oisín MacAmadáin (<termonfeckineinstein@termonfeckininstitute.ie>)

Para: Dr. Antony Faucet

Asunto: ¡¡¡GRUPO MUY MARGINAL DE CIENTÍFICOS AUTOPROCLAMADOS, PELIGRO!!!

¡Hola, Tony!

Estoy extremadamente preocupado al ver la aparición de la declaración 'Great Barrington'.... ¡podrían socavar todos nuestros esfuerzos! Dicen que debemos proteger a la abuela y a los vulnerables, pero dejar a todos los demás libres – ¡Dios, si la gente pudiera captar ese tipo de pensamiento matizado, estaríamos perdidos! ¡Haz lo que tengas que hacer! Publica un desmentido devastador (puedo escribirlo si quieres), llama al ejército, diles a las personas que controlan a Joe que le digan que esto es obra de terroristas.

Mucho peor es que esta desinformación resulta tan convincente que incluso el Premio Nobel Michael Levitt ha añadido su firma. Así que sugiero que también elaboremos un desmentido devastador y una verificación de hechos de cualquier trabajo que haya hecho para ganar el Premio Nobel para que también parezca un completo idiota.

Espero ansiosamente tus pensamientos,

Oisín'

De todos modos, luego fui a leer el sitio web de Great Barrington con más detalle, pero para ser honesto, fue un largo festival de bostezos y mis ojos se nublaron. Así que, afortunadamente, ya no estoy tan preocupado, ya que no creo que la gente hoy en día tenga la capacidad de atención para leer ese tipo de nimiedades. Es una suerte, ya que aparentemente un nuevo estudio de Stanford (presumiblemente el real esta vez, pero quién sabe) mostró que un número aproximadamente igual de científicos distinguidos apoya el modelo de 'protección focalizada' que el de confinamiento, pero que este último grupo tiene mayor alcance en las redes sociales. Nunca deja de asombrarme cómo las ideas marginales y de extrema derecha pueden terminar engañando a los investigadores para que adopten posturas que no concuerdan con la ciencia. Pero, de nuevo, realmente vivimos en una era de posverdad.

Pero toda esta charla sobre una declaración de Great Barrington me ha hecho preguntarme si debería hacer mi propio gran pronunciamiento sobre la clara necesidad de confinamientos y cosas de esa naturaleza general. Podría llamarlo 'El Acuerdo de Termonfeckin'... no, quiero algo que suene más grandioso que eso y me gusta la forma en que usaron 'Gran', los engreídos que son.... ¿qué tal 'El Gran Testimonio de Termonfeckin'.... hmmm, eso no tiene sentido pero me hace pensar en algo más bíblico como.... 'El Gran Testamento de Termonfeckin'.... ¡sí, eso es ciertamente mejor! Pero me pregunto, me pregunto.... ¡ah, sí, perfecto! Y tanto bíblico como adecuadamente elevado en su lenguaje: 'La Gran Eyaculación de Termonfeckin'. Me pondré a organizarlo de inmediato y me aseguraré de informarles de sus hallazgos.

Sí, ¡las Variantes *dan* miedo!

Bueno, mientras todos podemos esperar con ansias mi gran eyaculación, debemos pasar al siguiente mito que tenemos que contrarrestar. De hecho, habiendo visto cómo el estelar enfoque chino para combatir este virus fue adoptado correctamente en casi todo el mundo, a pesar de los lamentos de algunos científicos de derecha, ahora pasemos a considerar el virus con más detalle. Hay tantas cosas de las que se podría hablar, pero centrémonos, en particular, en su astuta capacidad para mutar en un número incalculable de variantes, algo que solo sirve para resaltar su peligrosidad manifiestamente evidente (aunque, extrañamente, los negacionistas del Covid no lo ven de esta manera, pero, de nuevo, ¡por eso estoy aquí!).

De hecho, el otro día estaba escuchando la radio y la presentadora se quejaba una y otra vez de cuánto tiempo probablemente seguirían las restricciones. 'Estamos en la variante Ómicron y siento una sensación de pavor – todavía quedan muchas letras en el alfabeto griego hasta que lleguemos a Omega...' dijo, entre lágrimas.

Fue chocante para mí escuchar este tipo de tonterías anticientíficas y nada menos que en un canal de radio principal. ¿Ella realmente cree que un virus tan inteligente como el Covid dejará de variar una vez que llegue a Omega? Sentí ganas de llamar y corregirla. Después de todo, Omega podría ser la última letra del alfabeto griego, pero todavía hay muchos otros alfabetos a los que el virus puede dirigir su atención. ¿Qué tal una escritura aún más antigua que el alfabeto griego, como la fenicia? Alef, Bet, Guímel, Dálet, He, Vav, Zayin...... Ya me imagino el reportaje de noticias de la BBC: 'Bienvenidos a las noticias de las 9. El ministro de salud anunció hoy que se ha encontrado el primer caso de la variante Zayin en el Reino Unido. Margaret, una pensionista que vive en Barnstaple, se encontró con secreción nasal y se hizo la prueba de inmediato. "Me sorprendió, para ser honesta, tener un caso de Zayin, ya que pensé que sería inmune desde que me vacuné con la triple dosis para Guímel el año pasado."' Personalmente, no puedo prever un futuro en el que el Covid deje de variar, así que, después del alfabeto fenicio, ¿por qué no usar caracteres chinos, en homenaje al papel que esa gran nación ha desempeñado en sus orígenes? El chino tiene más de cinco mil caracteres, así que eso nos dará un respiro durante al menos unos siglos antes de que tengamos que decidir el siguiente alfabeto a usar.

Tengo que decir que, por mi parte, me alegro de que hayamos dejado de nombrar las variantes según su lugar inicial de descubrimiento. Pasamos por una fase bastante desagradable, por ejemplo, de llamar a Delta la 'variante india'. Esto llevó a un aumento masivo del apoyo a los partidos nacionalistas de derecha en todas partes que hicieron todo tipo de afirmaciones escandalosamente racistas sobre el Covid.... 'viniendo aquí, ocupando nuestras camas de hospital.... ¿qué hay de malo con el resfriado común inglés, eso es lo que digo yo', según se informa que dijo un ex concejal del UKIP. Me alegré cuando esa tontería en particular cesó. Por supuesto, esos UKIPPERS probaron su propia medicina cuando se identificó una variante en Kent, uno de sus bastiones. Bien podrían haberla llamado 'la variante UKIP'. De hecho, me alegré cuando Macron bloqueó todas las llegadas del Reino Unido. Después de todo, ¿qué tienen que hacer Nigel Farage y los de su calaña, especialmente si están tosiendo y escupiendo, en Europa de todos modos?

Ahora, en cuanto a Ómicron, estoy hasta las narices de

todos estos negacionistas del Covid que señalan que es una amalgama (¿es esa la palabra correcta, Ed?)[1] de 'morónico'. Esto es extremadamente ofensivo para expertos como yo. No hay absolutamente nada 'morónico' en la respuesta del mundo a esta pandemia: ha surgido de los más altos niveles de pensamiento científico y racional.

En cualquier caso, a los antivacunas les encanta señalar que Ómicron es menos virulento y que esto tiene sentido porque, a medida que un virus varía, tiende a volverse cada vez menos virulento con el tiempo, y entonces, ¿por qué diablos nos estamos tomando tan en serio algo que en esta etapa no es diferente de un resfriado común, bla, bla, bla?

Miren, quitémonos de encima de una vez por todas esta 'tontería de que un virus se vuelve menos virulento con el tiempo'. Ahora, incluso si esto fuera cierto, todos deberíamos tomarnos el Covid muy en serio. Por ejemplo, digamos que para cuando estemos llegando al final del alfabeto fenicio, el virus es tan benigno que no solo es siempre completamente asintomático, sino que incluso confiere beneficios para la salud; bueno, el hecho es que sigue siendo Covid y nunca se sabe qué podría hacer a continuación. Claro, en un momento podrías contraer una cepa benigna, sentirte mejor que nunca, hacer mucho trabajo, etc., y al momento siguiente aparece una nueva variante con la tasa de letalidad del Ébola y tú y todos los que conoces caen muertos. No digo que esto vaya a suceder definitivamente, pero el Covid es una bestia astuta y nunca se sabe qué conjurará a continuación.... siempre es mejor ser cauteloso.

De hecho, el otro día ¿no leí algo que sonaba aún más aterrador que una variante? 'Influenzarona', lo llamaron, una combinación cruzada de Covid e influenza estándar. Absolutamente aterrador. Es solo cuestión de tiempo antes de que haya un brote de Poliorona o incluso de Leperona, y entonces todos estaremos verdadera y completamente jodidos.

De todos modos, espero haber ilustrado cuán grave y cuán aterradora es la aparición de todas estas variantes. De hecho, cuando estos negacionistas del Covid las llaman burlonamente 'variantes de miedo', la ironía es que, por fin, están diciendo la verdad.

Habiendo considerado las variantes y el tipo de mentiras que los chiflados difundirán sobre ellas, pasemos ahora a toda una gama de otros mitos típicos sobre el Covid. De hecho, no hay que buscar mucho en la esfera de los locos para ver afirmaciones de que el virus es estacional o que la inmunidad natural puede defenderse de la enfermedad o incluso que importa la cantidad de carga viral a la que alguien está expuesto. Cuando pensaba en cómo combatir estas ideas perniciosas en este libro, recordé que, a mitad de la pandemia, hice una sesión de preguntas y respuestas por Zoom con algunos de los residentes locales de Termonfeckin en la que todas estas nociones erróneas, desafortunadamente, asomaron sus feas cabezas. Así que simplemente he pegado una transcripción de esa sesión aquí, ya que, por sí misma, puede disipar con éxito tales perspectivas equivocadas....

Una sesión de Preguntas y Respuestas con Oisín

"Oisín: Buenas noches a todos... un placer verlos. ¿Qué tal si vamos directo al grano y quien quiera hacer la primera pregunta, adelante....

P: Hola Prof. MacAmadáin, Miriam O'M. por aquí. Espero que esté bien. Em... me preguntaba qué información tenemos ahora sobre la última tasa de letalidad por infección. Estaba escuchando al Prof. Ioannidis y....

Oisín: ¿Profesor quién? ¡Nunca he oído hablar de él! ¿Espero que esté obteniendo su información de fuentes fiables, Miriam?

Miriam: Bueno, parecía bastante reputado, Prof. MacAmadáin, pero, por supuesto, usted sería el más indicado para juzgar sus ideas. De todos modos, acaba de publicar un artículo 'La tasa de letalidad por infección de Covid-19 inferida de datos de seroprevalencia' y....

Oisín: ¡Oh, Señor, siempre hay uno, ¿verdad? ¡Y confía en que tendría que ser la primera pregunta!

Miriam: ¿Lo siento, Prof. MacAmadáin?

Oisín: ¡Solo siga!

Miriam: Ok, bueno, él sugiere que la tasa de letalidad por infección mediana es de alrededor del 0.27%... ¿qué piensa usted?

Oisín: ¡Absoluta tontería! En el Instituto de Expertos de Termonfeckin, hemos calculado que la IFR está más cerca del 34%. ¡Cíñase solo a fuentes oficiales, Miriam! Hmmmm, no es el mejor comienzo. ¿Siguiente pregunta?

P. Sandra B. por aquí, Prof. MacAmadáin, la florista local. Obviamente mi tienda está cerrada, pero para cuando reabramos, me preguntaba si cree que el Covid puede esconderse en las flores?

Oisín: Oh, genial, esa es más la clase de pregunta que buscamos esta noche, amigos.... Sí, puede esconderse absolutamente en cualquier lugar, Sandra, así que le recomendaría que, para evitar que sus petunias hagan el trabajo de la parca, permanezca cerrada hasta que todos en Termonfeckin estén al menos cuadruplemente vacunados.

P. Hola Prof. MacAmadáin, Maureen R. por aquí, nos

conocimos en la Carrera de Tractores de Termonfeckin hace unos años....

Oisín: Oh, claro, lo recuerdo bien, Maureen. ¿No recibió su marido una medalla ese día?

Maureen: Bueno, en realidad no tuvo la mejor carrera, Prof. MacAmadáin, claro, su tractor ni siquiera logró arrancar. Pero de todos modos, Prof. MacAmadáin, quería preguntarle.... um, ahora me encantó recibir todas mis vacunas, por supuesto, pero tengo que decir que el día después de mi 3ª dosis tuve, bueno, un pequeño ataque al corazón, supongo que podría llamarlo así, solo uno absolutamente diminuto, nada del otro mundo en realidad. Supongo que es bastante improbable, pero ¿cree que podría haber sido, quizás, la v.....

Maureen R. ha sido desconectada.

Oisín: Oh, vaya, parece que hemos perdido a Maureen, aunque probablemente sea mejor, ya que realmente no estoy seguro de a dónde iba con esa pregunta. ¿Siguiente?

P: Hola Prof. MacAmadáin, Joan por aquí, bueno, a diferencia de la última oradora, no soy antivacunas, me alegra decirlo, y solo deseo señalar lo maravillosas que creo que son estas vacunas. Ahora, me he puesto cinco dosis en total, así que cuando contraje Covid recientemente, sabía que estaría bien. De hecho, mantuve la calma cuando entré en hipoxia y mi marido tuvo que llamar a la ambulancia. Luego me mantuve optimista durante todo el trayecto en ambulancia, incluso cuando empecé a mostrar los primeros signos de dificultad respiratoria. Y claro, cuando llegué al hospital y me pusieron inmediatamente un ventilador, ¿no comentaron todas las enfermeras mi disposición alegre? Y, aquí estoy, Prof. MacAmadáin y todos ustedes, viva para contarlo y que todavía esté aquí es gracias a las vacunas. Verdaderamente, me digo a mí misma todos los días: 'Joan, podría haber sido mucho peor'.

Oisín: Gracias por compartir esa conmovedora historia, Joan. De manera similar, tengo un buen amigo en Dublín cuyo padre, completamente vacunado, murió de Covid. Él también me dijo cuánto peor sabía que podría haber sido. ¿Siguiente pregunta?

P. Dia dhuit, Prof. MacAmadáin. Soy Patricia. Quería preguntar sobre el verano. ¿Estoy en lo cierto al pensar que el virus es estacional? ¿Podemos preocuparnos menos por él en verano y quizás salir de casa una o dos veces, aunque solo sea al jardín trasero?

Oisín: Dado que nuestro gobierno impuso mascarillas obligatorias en pleno verano, ¡¿cómo puede siquiera hacer esta pregunta?! ¿Cree que habrían hecho esto si no pensaran que el Covid era tan mortal en verano como en cualquier otra época???

Patricia: Oh, lo siento, Prof. MacAmadáin, qué estúpida soy...

Oisín: Maldita sea, tiene razón. En cuanto a su jardín, puede ir, pero use su mascarilla. ¿Siguiente pregunta?

P. Buenas noches, Prof. MacAmadáin. Mi nombre es Sheila L. y soy naturópata local. Me preguntaba qué podríamos hacer para mejorar nuestra inmunidad natural. Por ejemplo, ¿suplementos de Vitamina D?

¡Oisín: ¿Suplementos de Vitamina D?! ¡Oh, por supuesto, ¿por qué no va y hace un Donald Trump y nos dice a todos que bebamos lejía ya que está en ello?! Honestamente, realmente estoy empezando a preguntarme si debería haber hecho esta sesión de preguntas y respuestas en absoluto, dado el tipo de preguntas que estoy recibiendo. Sin duda, usted también cree que sus cristales curarán el Covid... ¡siguiente!

P. Hola, Prof. MacAmadáin, Sinead H. por aquí. Muchas gracias por compartir su experiencia con todos nosotros esta noche. Yo, por mi parte, siempre he estado encantada de tener su Instituto en nuestra hermosa ciudad y espero enviar a mi propio hijo a la universidad allí. De todos modos, Prof. MacAmadáin, lo que me preguntaba era.... si somos asintomáticos, ¿qué tan probable es que podamos infectar a otra persona sin saberlo?

Oisín: Me sorprende mucho que solo le preocupe si puede 'infectar' a alguien o no. La forma más relevante de plantear su pregunta sería claramente: '¿Puedo matar a alguien con Covid incluso si no sé que los estoy asesinando?' ¡y la respuesta a eso es un rotundo 'Sí'!

Ok, estoy cansado de todos ustedes en esta etapa... es hora de una pregunta más...

P: Prof. MacAmadáin, Deirdre, la señora de correos local, así que he tomado la decisión de no vacunarme y....

¡Oisín: ¡¿Qué?!!! ¡¿Y usted maneja todo nuestro correo?! ¡Voy a llamar a la Guardia (*Policía irlandesa*) de inmediato! ¿Dónde está mi teléfono.... Garda Morrison, ¿es usted? ¡Necesito informarle de un crimen terrible!

¡Deirdre: ¡Me voy de aquí! ¡Fue un placer conocerlos a todos!

¡Oisín: Rápido, todos, vayan a las afueras de Termonfeckin, cierren todas las carreteras! ¡Eviten que escape del pueblo! ¡Formen una partida!

Sandra: ¿Pero Prof. MacAmadáin?

Oisín: Oh, ¿qué pasa ahora, Sandra? El tiempo es oro....

Sandra: ¿Cree que esta tendrá que ser una partida con distanciamiento social?

Oisín: Um, sí, sí, supongo que sí. Ok, entonces todos: por favor, manténganse a dos metros de distancia cuando estén en su partida y.....

Miriam: ¿Pero no creo que las reuniones entre diferentes hogares estén permitidas actualmente, Prof. MacAmadáin?

¡Oisín: ¡Oh, ¿qué?! Oh, claro, claro. Ok, todos, formen una partida con distanciamiento social, pero solo dentro de su propio hogar.

Miriam: En mi caso, eso significa que solo puedo traer a mi hijo de 3 años conmigo, ya que no hay nadie más aquí. ¿Está bien, Prof. MacAmadáin?

Oisín: Um...

Sandra: Prof. MacAmadáin.... ¿qué pasa si escapa a más de 5 km de Termonfeckin? ¿Perseguirla más lejos contaría como una 'razón esencial para viajar', cree usted?

Oisín: Sinceramente, no estoy seguro...

Patricia: Y cuando se trata de capturarla, Prof. MacAmadáin, ¿cómo podemos hacerlo si tenemos que mantenernos a dos metros de ella en todo momento para mantenernos a salvo?

Oisín: No lo sé, para ser honesto. ¿Alguien tiene una pistola paralizante por casualidad?

Maureen: Oh, Prof. MacAmadáin, acabo de ver a Deirdre pasar volando en su coche. Creo que se nos ha escapado.

Oisín: Miren, ok, todos. Se ha escapado. Dejaremos que la Guardia se encargue. Pero que esto sea una lección para todos nosotros, sobre el tipo de personas que pueden estar viviendo entre nosotros sin que lo sepamos. Creo que voy a terminar la reunión ahora, espero que mi experiencia les haya sido de ayuda y, sin duda, hay mucho de sobrio en lo que reflexionar."

Bueno, espero que esto les haya mostrado el tipo de argumentos que pueden usar cuando la gente hace declaraciones verdaderamente estúpidas sobre el Covid. Solo me avergüenza admitir que algunas personas de mi propia ciudad natal tenían estas opiniones. La policía nunca atrapó a Deirdre tampoco.... se escapó a México, donde dejan entrar a los no vacunados sin siquiera la más mínima pena de cárcel (abordaré México y sus tejemanejes covidianos con más detalle más adelante en este libro).

Por el lado positivo, me complace decir que una de las ideas más descabelladas que se difundieron sobre el Covid no surgió esa noche en particular, pero, dado lo absolutamente prominente que es, bueno, no tengo ninguna duda de que han oído hablar de ella.... y así, ahora pasemos nuestra atención a....

Los Orígenes del Covid

¡Ahora, esta idea es, por supuesto, completamente descabellada! Algunas personas realmente creen que el virus se filtró de un laboratorio especializado en investigación que modificaba virus (la llamada investigación de 'ganancia de función'), y que este laboratorio en Wuhan había recibido financiación del Instituto Nacional de Salud del Gobierno de EE. UU. Así que yo estaba especialmente decidido a desmentir este mito en particular de una vez por todas. Pero cuando hablé con uno de mis amigos de alto nivel en el gobierno de EE. UU., me dijo que realmente no debería hacerlo. Para ser honesto, mi amigo, que pidió permanecer en el anonimato, se puso un poco raro al respecto, diciendo que era por mi propio bien y que la Bahía de Guantánamo no era el tipo de lugar donde uno querría terminar. 'No', dije. 'El laboratorio está en Wuhan. Ahí es donde iría a investigar, no a Guantánamo.' 'No creo que hayas entendido mi significado, Oisín. Mira, simplemente no lo cubras en tu libro, ¿ok?'

Mi amigo fue tan insistente que cedí. Después de todo,

siempre respetaré la petición de un buen amigo. Todo lo que puedo decir es que debe considerarlo una idea tan descabellada que está por debajo de cualquiera intentar siquiera contrarrestarla. Así que lo dejaré así, entonces.

En fin, ahí lo tienen, amigos, hemos establecido verdaderamente el escenario sobre el Covid, su peligrosidad, los trucos que puede idear, las múltiples formas en que la gente sugiere que no es para tanto y así sucesivamente. Y, por supuesto, examinamos al comienzo de este capítulo exactamente por qué los confinamientos son la mejor opción. Sin embargo, algunas personas opinarían que los confinamientos afectan negativamente a nuestras sociedades de alguna manera u otra...una tontería total, por supuesto, y por eso, en el próximo capítulo, reflexionaremos sobre cómo la vida bajo el Covid no solo no ha sido tan mala sino que, en todo caso, ¡ha sido bastante divertida!

2

CAPÍTULO DOS: LAS MUCHAS ALEGRÍAS & BENDICIONES DEL CONFINAMIENTO

Ahora bien, si uno creyera a los antivacunas, la vida se ha vuelto terriblemente opresiva en estos últimos años y la sociedad se está desmoronando bajo la tensión de las medidas de confinamiento 'draconianas'. ¡Pues esa no ha sido mi experiencia EN ABSOLUTO! Y así, en este capítulo, abordaré el mito de que se ha creado algún tipo de distopía para nuestros hijos, nuestras relaciones entre nosotros o incluso la descabellada idea de que el hecho de que todos usemos mascarillas nos hace de alguna manera menos humanos....así que sigue leyendo, MacDuff, como creo que dice el dicho....

Mascarillas, Gloriosas Mascarillas

Una de mis alegrías diarias ha sido ir a la tienda de la esquina y ver el mar de caras semiazules a mi alrededor, una señal visible de nuestro compromiso conjunto para protegernos mutuamente. Y no sé tú, pero también encuentro que las mascarillas hacen que la gente sea francamente sexy y, a menudo, me sorprendo mirando embobado la belleza despampanante de los transeúntes. De hecho, hubo un estudio de la Universidad de Cardiff sobre este mismo punto que demostró que las mascarillas faciales hacen que la gente sea más atractiva y, como ya sabes, siempre seguiré la ciencia.

Por otro lado, cuando me cruzo con alguien en la calle que no lleva mascarilla, o si se le ven las fosas nasales aunque sea un poquito, solía fruncirles el ceño con fuerza (amonestarlos verbalmente no es lo más seguro, ya que sería más probable que transmitiera alguna carga viral, no es que los descarados no se lo merecieran). Sin embargo, me di cuenta de que no podían ver mi expresión y me molestó bastante este hecho. Pero entonces, un día, ¡di con una solución! Ahora llevo un montón de pegatinas de caras enfadadas y simplemente pego una en mi mascarilla cada vez que quiero indicar mi intenso disgusto hacia alguien.

La mayoría de la gente se ha metido de lleno en el espíritu de las cosas. Algunas personas, como yo, usarán tres mascarillas y una visera protectora. Otros solo dos, pero sigue siendo un buen esfuerzo. Algunos mantienen a sus bebés con mascarilla y otros les ponen mascarilla a sus perros cuando los sacan a pasear. Mi gato nunca sale a pasear, por supuesto, pero le pongo mascarilla cada vez que tenemos visitas. Y, cada vez que salgo en coche, llevaré una mascarilla. Después de todo, las gotitas virales podrían entrar a través del filtro de aire.

¡Así que imaginen mi sorpresa cuando oí hablar de un estudio de Dinamarca que encontró que el uso de mascarillas no producía 'ninguna diferencia estadística' en el número de infecciones entre los enmascarados y los no enmascarados! Como siempre ocurre cuando me encuentro con posibles teorías de conspiración, inmediatamente fui a investigar la fuente misma y lo que encontré fue un artículo con un título terriblemente largo[1] escrito por un tal Dr. Henning Bundgaard de la Universidad de Copenhague. Leerlo me dejó tan furioso que tuve que escribir inmediatamente al British Medical Journal para poner en su sitio a este autor:

'Estimado Sr. Editor del BMJ,

Todavía me encuentro en un estado de shock casi apoplético después de leer el supuesto artículo científico del Dr. Herring Bumgaard. Su artículo examinó la diferencia en las tasas de infección entre un grupo al que se le pidió usar mascarillas en todo momento fuera de casa y otro al que no. Durante un período de dos meses, un grupo de 6.000 personas se dividió, con alrededor del 1,8% del grupo enmascarado infectado en comparación con el 2,1% del grupo no enmascarado, lo que llevó a la conclusión de que no había 'ninguna diferencia estadística' entre los grupos.

Este tipo de resultados están muy bien, pero la verdadera pregunta es ¿qué tipo de comité de ética que se precie daría alguna vez su aprobación para un estudio así? ¿Instruir a tres mil personas para que deambulen en medio de una pandemia *sin* mascarilla? Cualesquiera que hayan sido los hallazgos de este estudio, el hecho es que podría haber resultado en un asesinato a gran escala sin precedentes. De hecho, no estoy tan seguro de que no lo hiciera. Quiero decir, ¿cómo sabemos que hasta el 100% de los infectados en el grupo sin mascarilla no terminaron muriendo debido a una mayor exposición viral? ¿Solo se les preguntó si estaban infectados y no si esa infección los había matado? O, si ellos mismos no murieron todos, ¿quizás terminaron aniquilando distritos enteros de

Copenhague debido a la transmisión de sus gotitas a niveles mucho más altos de carga viral? ¿Pensó el Dr. Bumgås en alguna de estas posibilidades? ¿Por qué no se abordaron estas preguntas en su estudio? Estas y muchas otras cosas siguen sin respuesta. Hago un llamamiento al gobierno danés para que inicie una investigación pública de inmediato.

Como muchos irlandeses, tengo más de unas pocas gotas de sangre vikinga en mí. Por lo tanto, me entristece enormemente ver cómo algunas de las tierras de mis antepasados han manejado esta pandemia. Ya es bastante malo que Suecia decidiera asesinar a todas sus abuelas sin que los daneses ahora salgan con desinformación disfrazada de estudio científico, por muy acreditada que el Dr. Mackerel diga que es.

Atentamente,

Prof. Oisín MacAmadáin, Instituto de Expertos de Termonfeckin.'

Y el mismo día que envié esta réplica, ¿no leí en los periódicos irlandeses que un grupo de padres de derecha se estaba reuniendo para protestar por el uso de mascarillas por parte de los niños en la escuela primaria? Son estudios como los del Dr. Bümflüff los que terminan alimentando a estos extremistas de extrema derecha. Pero tales investigadores nunca parecen preocuparse cuando llegan a sus conclusiones, no solo por el hecho de que no concuerdan con la ciencia, sino también porque alentarán a los antivacunas.

Aunque el Dr. Bumfårt puede que no esté siguiendo la ciencia, yo sí lo estoy. Justo ayer leí un estudio de la Universidad de Cambridge (MUCHO más prestigiosa que la Universidad de Copenhague, aunque obviamente menos que el Instituto de Expertos de Termonfeckin, si me permito decirlo), un estudio que realmente admiré por sus esfuerzos para averiguar cómo las mascarillas pueden ayudarnos a salvar aún más vidas de las que ya han salvado. Se llamaba 'Trucos para el ajuste de mascarillas faciales' y lo que encontró fue que si alguien usa una sección de pantimedias sobre su mascarilla, reduce su carga viral en la asombrosa cantidad de SIETE veces. No hay nada como la investigación científica real para ponerme en un estado de emoción, así que inmediatamente me puse mi mascarilla y subí corriendo a donde mi esposa. '¡Quítate las pantimedias ahora mismo, querida!' 'Oooh, Oisín', respondió mi esposa. 'Me encanta cuando me sorprendes así.... aquí tienes, oh, ¿pero qué estás haciendo, Oisín?'

Mientras admiraba mi nuevo aspecto en el espejo, supe que este avance científico de los cerebritos de Cambridge NECESITABA ser adoptado a nivel nacional con urgencia. Y así supe *exactamente* de qué iba a hablar la próxima vez que apareciera en RTÉ, nuestra emisora nacional. Después de todo, ¿no han sido pioneros a la hora de discutir soluciones innovadoras para esta pandemia? Recuerdo bien haber visto a un par de tipos en uno de sus programas, y uno de ellos nada menos que un profesor de bioquímica, de pie dentro de grandes burbujas protectoras, diciendo, con toda razón en mi opinión, que habían encontrado una manera para que la gente fuera a conciertos de forma segura. Así que sé que los editores de RTÉ serán receptivos a esta idea.... entre las burbujas gigantes y las pantimedias, llegaremos allí.

Una Breve Nota sobre las Citas

Toda esta charla sobre medias me ha puesto de repente en un estado de ánimo más amoroso y, aunque estoy, por supuesto, felizmente casado con mi señora, si fuera un joven soltero, así se leería mi perfil de Tinder (espero que sirva como una plantilla útil para cualquier joven que erróneamente piense que el confinamiento ha arruinado sus posibilidades):

> "Nombre de usuario: Oisínsexyness
>
> Edad: 22
>
> Busco: Mujer, 18-30, *al menos* con triple refuerzo.
>
> Estado de vacunación: Doble vacunado y tres refuerzos.
>
> ¡Hola, cariño! Me han dicho que estoy destinado a grandes cosas. ¡Organicemos un Zoom e intercambiemos notas sobre nuestras experiencias de vacunación! Mientras no creas que Bill quiere implantarte un chip, LOL, estoy seguro de que nos llevaremos muy bien.
>
> Finalmente, si nos vemos cuando termine el confinamiento, quiero que sepas que siempre uso protección y espero que tú también siempre lleves tu mascarilla."

Honestamente, con perfiles como este, sería poco probable que te equivocaras demasiado.

¿Pero qué pasa con los supuestos efectos adversos del confinamiento en nuestros hijos? ¿Ha sufrido su educación o salud mental como resultado de que se les pida que participen en la guerra contra el virus? ¡Yo creo que no! Y así....

No, la Pandemia NO Está Llevando a Problemas de Salud Mental en Niños

No puedo entender en absoluto a todos estos padres antivacunas y de extrema derecha y sus 'preocupaciones' sobre la salud mental de los niños durante la pandemia. Se alteran por el efecto que las restricciones de confinamiento, los cierres de escuelas, el uso obligatorio de mascarillas en las escuelas y demás, tendrán en sus preciosos angelitos. Esto es sobreprotección, pura y simple. Nunca nada bueno sale de envolver a tus hijos en algodón y pretender que la realidad no existe. Y, de todos modos, estos niños son mucho más ingeniosos de lo que sus padres mentalmente enfermos se dan cuenta.

Uno realmente se pregunta cuál es el problema. Quiero decir, imagina que eres tu yo de seis años y te dicen que....

- un virus mortal se está propagando rápidamente por todos los países del mundo

- podrías estar contagiado de esta enfermedad mortal en cualquier momento, aunque no tendrías síntomas y por lo tanto no lo sabrías, y que por lo tanto podrías matar a tus abuelos y así ya no podrás verlos nunca más, o al menos no hasta el maravilloso día en que estén vacunados

- y no solo que podrías matar inadvertidamente a tus abuelos, sino que incluso podrías matar a tus padres, así que es mejor, al menos, dejar de dar abrazos y besos y mantenerte alejado de ellos también hasta el maravilloso día en que ellos también estén vacunados

- pero que no es algo que probablemente te mate, afortunadamente (más bien, es muy probable que seas responsable de la muerte de prácticamente todos los demás, al menos hasta el maravilloso día en que todos estén vacunados)

- y que debes usar una mascarilla en la escuela en todo momento para que hagas tu parte en asegurarte de no matar no solo a tus propios padres y abuelos, sino también a los padres y abuelos de todos tus compañeros de clase

- pero que luego te enteras de que parece haber una pequeña pero real posibilidad de que el virus te mate después de todo y, por lo tanto, necesitas usar la mascarilla para protegerte a ti mismo y a todos los demás en tu clase, de lo contrario podrías matarlos o ellos podrían matarte, al menos hasta el maravilloso día en que todos se vacunen

- y luego te enteras de que, aunque ha llegado el maravilloso día en que todos se vacunan, todo lo anterior sigue aplicándose

Ahora, les pregunto, ¿cómo diablos podría este tipo de escenario llevar a que los niños experimenten problemas de salud mental de cualquier tipo en absoluto?! En mi opinión, el único resultado de este tipo de mensaje claro es el desarrollo de niños responsables, resilientes y empáticos. Cada día, al ir a la escuela, son muy conscientes de que podrían ser infectados por un enemigo invisible y potencialmente matar a cualquiera que se cruce en su camino. ¿Esto no los anima naturalmente a respetar los límites de las personas? Y cuando están en la escuela, ¿son igualmente cuidadosos para evitar el contacto o la comunicación de cualquier tipo con todos sus compañeros de clase, sabiendo que hacerlo correría el riesgo de no volver a ver a sus amigos de nuevo? ¿No es esto, como creo que dicen, el mismísimo acné del cuidado empático? Y, finalmente, son conscientes de los enormes riesgos personales que corren cada día, ya que ellos también podrían ser asesinados por el virus en cualquier momento. Verdaderamente, son nuestros pequeños héroes.

De hecho, ha habido muchas bendiciones inesperadas de la pandemia y una de ellas es que podemos esperar que la próxima generación sea altruista y tranquila frente a la adversidad. Justo, por supuesto, como lo hemos sido nosotros durante toda esta pandemia. ¿Acaso no es cierto que los niños imitan a sus mayores?

Así que también démonos una palmada en la espalda.

Los adultos en la sala (entre los cuales NO cuento a los padres antivacunas infantiles que he descrito anteriormente) están realmente dando ejemplo.

El Aula Ideal de Covid: Un Caso de Estudio

Ahora bien, en cuanto a la idea de que los niños han recibido una experiencia de aprendizaje deficiente durante la pandemia, el hecho es que ha habido muchas escuelas que han estado a la altura del desafío y, sin embargo, han proporcionado una educación tan buena, o incluso mejor, que antes de que comenzara la era Covid. Y así, cuando pensaba en cómo refutar esta tontería en particular, mi querida y vieja amiga, la Sra. Gretel Voopingkoff, vino a mi mente. Gretel es maestra de escuela primaria en Alemania, un lugar que, en mi opinión, ha sobresalido en su manejo de la pandemia. Así que me puse en contacto con ella por correo electrónico y le pedí que me enviara un relato de cómo ha sido la vida escolar allí en tiempos de Covid. Lo que recibí de vuelta debería convencer a cualquiera de que el Covid realmente puede conducir a una atmósfera de aula en la que la educación de nuestros jóvenes puede realmente florecer. Aquí está su correo electrónico:

> "¡Hola Oisín!
>
> ¡Qué wunderbar volver a saber de ti! ¡He estado siguiendo tu increíble trabajo en la exterminación de la propaganda antivacunas! Esperemos que no pase mucho tiempo antes de que no tengamos que soportarlos más.
>
> En cuanto a tu pregunta sobre la vida escolar aquí, también es tan wunderbar.....
>
> El día comienza a las 8 AM y cada niño se acerca al frente de la clase y declara su estado de vacunación actual,

ya sea 'ein jab', 'zwei jab' o 'drei jab' (el llamado 'súper duper triple refuerzo'). A los que tienen una dosis se les da un aplauso educado mientras se les anima a enmendar sus caminos, a los que tienen dos dosis se les aplaude con entusiasmo y a los que tienen tres dosis.... bueno, todos jugamos al juego de la marcha de los gansos (un juego antiguo que tenemos aquí en Alemania, un poco como ustedes con su corro de la patata) y nos saludamos de la manera tradicional. Sin embargo, si dicen que no están vacunados, todos nos quedamos en un silencio sepulcral y los miramos fijamente.

Lamentablemente, todavía hay cuatro estudiantes no vacunados en mi clase (sus padres son 'antivacunas', ¡uf!) y por eso hemos dividido la sala y nos aseguramos de mantenerlos separados en todo momento. Además, mientras que todos los estudiantes vacunados solo necesitan usar una mascarilla, los niños antivacunas deben usar tres mascarillas, así como trajes Hazmat. Esto significa que no pueden oírme y, por lo tanto, aprender nada, pero en realidad lo principal que necesitan aprender es el error de sus caminos.

También tenemos un nuevo sistema de alarma que es capaz de detectar ruidos muy específicos, a saber, estornudos y moqueos. Si un estudiante moquea, el sistema de alarma se activa en toda la escuela: '¡Achtung, Achtung! ¡Presencia Viral Sospechosa!' Entonces todos los estudiantes deben permanecer exactamente donde están mientras nuestra Unidad de Protección Covid especializada identifica la ubicación del moqueo. Luego, ese estudiante, y todos los demás en su clase, estén vacunados o no, son llevados a un campamento especial.

¡Así que, en definitiva, Oisín, enseñar es el mismo placer que siempre fue!

Atentamente y con un abrazo electrónico (y por lo tanto socialmente distanciado),

Gretel"

¡Esto es realmente maravilloso y nos muestra lo que se puede hacer, ¿no es así? De hecho, ¿cómo podría alguien sentir que una atmósfera de aula así podría proporcionar algo más que una experiencia de aprendizaje absolutamente brillante? Para poder aprender eficazmente, nuestros hijos deben sentirse seguros y capaces de afrontar los desafíos de este nuevo tipo de mundo, y este tipo de enfoque cumple ambos requisitos. ¡De hecho, todos necesitamos copiar este modelo! Y entonces todos, excepto los padres antivacunas más recalcitrantes , se verían obligados a admitir que el sistema educativo general ha subido más de unos pocos peldaños y que si desean que sus hijos se beneficien y salgan de esos trajes Hazmat.... bueno, es hora de pinchazo, pinchazo. Pero para ser honesto, dudo que siquiera reconocerían tales mejoras...después de todo, son del tipo que están en la cuneta mientras el resto de nosotros estamos con los ojos estrellados o lo que sea que dijo George Bernard Shaw una vez.

Así que ahí lo tienen, gente....ninguna persona cuerda sugeriría jamás que nuestras vidas diarias, o las vidas de nuestros jóvenes descendientes, se han visto afectadas negativamente por la pandemia. Las mascarillas nos muestran cuánto nos preocupamos los unos por los otros y nuestros hijos están creciendo en una atmósfera de amor y compasión social como nunca antes se había visto. ¡Así que, brindemos todos por el Confinamiento y los regalos que nos ha traído! ¡Hip hip, hurra!

¿Pero cómo, querido lector, puedes lidiar con los antivacunas cuando los encuentras en tu vida diaria? Por ejemplo, cuando entras en una cafetería solo para cruzarte con alguien que murmura '¡Qué suerte la tuya que te dejen entrar ahí!'.... ¿qué tipo de respuesta deberías dar? ¿Cómo, de hecho, deberías 'verificar los hechos'? Bueno, este es el enfoque del próximo capítulo... ¡y así seguimos!

3

CAPÍTULO TRES: LAS GUÍAS DE OISÍN PARA...

Verificación de Hechos

El gran problema con internet es que cualquier chiflado puede escribir y publicar lo que le dé la gana (y, de hecho, esa es una de las razones por las que me motivé a armar este libro).

Y, cuando se trata de la pandemia, la desinformación está en plena efervescencia, extendiéndose cada vez más rápida y más peligrosamente que el propio Covid. Por suerte, los buenos muchachos de todas las grandes empresas tecnológicas se dieron cuenta del peligro desde el principio y formaron ejércitos enteros de Detectores de Desinformación & Verificadores de Hechos. Estos excelentes hombres y mujeres aclaran todos los mitos que circulan. Y, vaya, qué inteligentes son. No sé qué tipo de formación tienen, pero no me sorprendería si requiriera, como mínimo, obtener un doctorado en virología o algo así. En fin, el punto es: estos tipos realmente saben lo suyo, de eso podemos estar seguros.

Y todos deberíamos estar agradecidos por sus esfuerzos.

¿Sabías que, al momento de la impresión, YouTube ha eliminado más de 1 millón de videos que difunden desinformación sobre el Covid? Eso es 1 millón de videos que exaltan las virtudes de la lejía o los 'peligros' del 5G que ahora nunca subvertirán a aquellos que tienen las mentes más sugestionables y blandas entre nosotros. ¿O que Facebook ha eliminado a innumerables antivacunas quejumbrosos que afirman haber tenido un ataque al corazón o haber muerto o lo que sea después de su vacunación? Como el grupo de 120.000 extremistas de derecha que fue eliminado así sin más.

Pero aquí está la cuestión: no necesitas ser un experto de primer nivel como yo o un empleado de Facebook para saber cómo verificar las cosas. De hecho, cualquiera puede hacerlo. Permítanme darles una guía rápida para que ustedes también puedan verificar los hechos de los negacionistas del Covid en sus vidas.

En general, la verificación de hechos implica hacer una de las siguientes tres cosas:

1. Señalar que los EXPERTOS no están de acuerdo con la desinformación

2. Señalar que la persona que difunde la desinformación es, de hecho, un chiflado

3. Señalar que, incluso si la desinformación es correcta, sigue sin ser verdad

Veamos ahora los siguientes ejemplos. Vean si pueden identificar qué estrategia estoy usando en cada verificación de hechos (¡a veces uso más de una!). Espero que estos puedan servir como plantillas que puedan adaptar a cualquier situación que consideren oportuna.

" Afirmación Antivacunas N.º 1: Los confinamientos causan más daño que bien

Verificación de hechos: Una afirmación típica de los oponentes de los confinamientos es que causan más daño del que previenen, en particular al perjudicar la economía, los medios de vida, la salud mental y la provisión de atención para otras condiciones de salud. Sin embargo, los EXPERTOS de la Universidad de EXPERIENCIA, ubicada en TIERRA EXPERTA, tienen una visión diferente. Por ejemplo, su estudio, *Los confinamientos predicen un aumento de la salud mental positiva debido al aumento del tiempo dedicado a holgazanear y comer comida para llevar: un análisis cualitativo*, indica que los confinamientos en realidad han llevado a un aumento de los niveles de felicidad en todo el mundo desarrollado. Mientras tanto, el Sr. Extremadamente Inteligente de La Universidad Inteligente sugiere que.... y así sucesivamente.

Afirmación Antivacunas N.º 2: El inventor de la tecnología de vacunas de ARNm, Robert Malone, dice que existen preocupaciones de seguridad con las vacunas de ARNm

(Nótese también el uso de notas a pie de página y comillas con esta estrategia – estas pueden ser muy útiles)

Verificación de hechos: El Dr. Robert Malone, un ex científico y ahora antivacunas a tiempo completo, 'afirma' haber 'inventado' la tecnología de vacunas de ARNm mientras estaba en la escuela de posgrado, aunque esto es discutido.[1] Es conocido por difundir desinformación sobre vacunas hasta el punto de que Twitter eliminó su perfil. Un estudio de investigación de la Universidad de WMS (Woke

Medical School) concluyó que tener barba, piel blanca y ser hombre, todas características que el Dr. Malone comparte, están fuertemente asociadas con el riesgo de convertirse en antivacunas. En contraste con la opinión del Dr. Malone, la mayoría de los expertos afirman que las vacunas de ARNm son extremadamente seguras y deben ser administradas a todas las personas desde el nacimiento en adelante al menos diez veces.

Afirmación Antivacunas N.º 3: VAERS (El Sistema de Notificación de Eventos Adversos a las Vacunas) muestra que más de 29.000 personas han muerto después de la vacunación contra el Covid hasta finales de junio de 2022

Verificación de hechos: El uso de datos de VAERS para apoyar la idea de que las vacunas contra el Covid son peligrosas es una táctica común utilizada por los antivacunas. Sin embargo, VAERS es un sistema de autoinforme y no está sujeto a las rigurosas medidas científicas empleadas en los ensayos clínicos que han demostrado que las vacunas son seguras y eficaces. Los informes de más de 29.000 muertes en la base de datos de VAERS no prueban que las vacunas contra el Covid sean peligrosas: simplemente muestran que 29.000 personas fallecieron poco después de su vacunación. La muerte es un fenómeno estadísticamente común que los expertos han encontrado que ocurre en la mayoría de las poblaciones. Por lo tanto, no es sorprendente que, en el contexto de un programa de vacunación masiva, un pequeño número de personas fallezca en los días posteriores a su vacunación.

Afirmación Antivacunas N.º 4: Ciertos grupos tienen más riesgo de Covid que otros

Verificación de hechos: Los negacionistas del Covid suelen afirmar que los ancianos, los enfermos y aquellos con ciertas condiciones subyacentes como diabetes y enfermedades cardíacas, son los más propensos a tener un mal resultado por Covid. Si bien la edad media de muerte por Covid es de 83 años y menos niños y adolescentes estadounidenses han muerto por Covid que por la gripe común, los expertos, sin embargo, no están de acuerdo. El Prof. Nadir Jibjab afirma: 'Permítanme ser muy claro.... no hay ningún grupo que no esté 'en riesgo' de Covid: los viejos, los jóvenes, los bebés, incluso los fetos pueden tener un resultado muy, muy, muy, muy, muy MALO'. Uno de los principales problemas de los antivacunas que difunden la idea anterior es que promueve el concepto de 'estratificación del riesgo', o la idea de identificar los riesgos de salud particulares que enfrentan los diferentes grupos sociales por el Covid-19 y desarrollar estrategias de salud pública que sean apropiadas para cada grupo. Este enfoque no solo es discriminatorio y edadista, sino que también podría llevar a algunas personas a dudar del valor de confinar a todo el mundo. El Prof. Jibjab continúa: 'Es muy importante que la gente entienda que cerrar todos los negocios, cafeterías, restaurantes, no ver a nadie más o no salir nunca de casa, son todas herramientas basadas en la ciencia más sólida.'

Afirmación Antivacunas N.º 5: Mejorar la inmunidad natural es una forma eficaz de reducir un mal resultado del Covid

Verificación de hechos: Muchos antivacunas afirman que un sistema inmunitario sano es capaz de combatir el Covid. Este tipo de 'sesgo de salud natural' probablemente proviene del hecho de que los antivacunas suelen estar interesados en curas de salud alternativas y mal reguladas como la conexión a tierra, la curación con cristales y las limpiezas de colon. Los expertos, sin embargo, señalan el hecho de que el sistema inmunitario, fuera del contexto de la vacunación, ya no es tan central para la salud del cuerpo como se creía. De hecho, muchos de los que han muerto por Covid también tenían sistemas inmunitarios. La mayoría de los expertos creen, por lo tanto, que lo mejor es que todos se vacunen al menos una vez cada tres meses.

Afirmación Antivacunas N.º 6: No todas las muertes por Covid son causadas por Covid

Verificación de hechos: Una idea común difundida por los antivacunas es que las cifras de muertes por Covid están exageradas debido a la forma en que se cuentan. Por ejemplo, alguien que muere puramente de cáncer puede ser registrado como una muerte por Covid incluso si solo tuvo una infección de Covid leve o asintomática en el mes anterior. En este tipo de casos, afirman los antivacunas, las muertes 'con Covid' deberían distinguirse de las 'por Covid'. El Prof. Hubert Müzzleup del Instituto de Estudios Covid Cero (como en *Absolutamente* Cero), sin embargo, tiene una visión diferente: 'Esto es absolutamente descabellado. Tomemos incluso un escenario en el que alguien muere al caerse de su bicicleta.... ¿cómo sabemos que un ataque de estornudos inducido por Covid no los llevó a perder el control del manillar y, por lo tanto, a contribuir directamente a su fallecimiento? El Covid es capaz de todo tipo de tonterías y, en este punto, la ciencia es bastante clara, déjenme decirles."

Así que ahí lo tienen, amigos, la guía de Oisín para la verificación de hechos. Realmente es pan comido. Así que, la próxima vez que se enfrenten al tipo de cosas ridículas que se les ocurren a los negacionistas del Covid, simplemente adapten una de estas estrategias y estarán listos. ¡Se quedarán sin palabras, eso se lo puedo prometer!

Pero, por supuesto, reconozco que no todos mis lectores serán un ciudadano común (¡o un Brandon común, ya que él no es de ninguna manera común!). No tengo ninguna duda de que algunos de ustedes deben ser periodistas de los periódicos más prestigiosos, como *The New York Times* o *The Washington Post* y, por supuesto, sé con certeza que todo mi personal de *The Termonfeckin Tribune* (del cual soy el editor) leerá este libro para asegurarse de mantener sus estándares. Por lo tanto, también quería incluir una guía para aquellos de mis lectores que están moldeando la opinión a nivel social... ¡esta próxima sección es para ustedes!

Y así pasamos a mi guía para....

...Cubrir el Covid en los Medios

Ok, vayamos al grano. A continuación, se presenta una lista de siete reglas de oro para cubrir la pandemia (por supuesto, esta lista no es exhaustiva, en realidad hay cientos de reglas, pero para que este libro no se convierta en un tomo gigantesco, las reduje a las más esenciales).

Regla 1: Cuando un gobierno levante, o incluso sugiera levantar, cualquier restricción, señale que los expertos de todas partes piensan que es una idea *terrible*

Ejemplo:

'Boris Johnson ha anunciado planes para el 'Día de la Libertad' del Reino Unido, cuando se levantarán todas las restricciones de Covid, y el Reino Unido pasará a una nueva fase de 'vivir con el virus'. Los expertos, sin embargo, están (inserte una de las siguientes opciones según el efecto deseado) *aconsejando / advirtiendo / suplicando / rogando de rodillas* al Primer Ministro que no tome este curso de acción. Una carta ha sido firmada por *241 / 4.300 / 2,1 millones de expertos* que han predicho que el 'Día de la Libertad' resultará en que *500.000 / 18 millones / todos en el Reino Unido y el mundo entero* se infectarán en semanas junto con un número de muertes *significativo / enorme / verdaderamente bíblico*. El Dr. Smärtz Aleks, uno de los cofirmantes de la carta, dijo: "¿Qué quiere decir con 'vivir con el virus'? La noción misma es absurda. No se vive con este virus, simplemente se muere por él, y eso es todo."

Regla 2: Cuando un gobierno levante, o incluso sugiera levantar, cualquier restricción, señale que la gente común de todas partes *también* piensa que es una idea *terrible*

Ejemplo:

'Boris Johnson ha anunciado planes para el 'Día de la Libertad' del Reino Unido, cuando se levantarán todas las restricciones de Covid, y el Reino Unido pasará a una nueva fase de 'vivir con el virus'. La reacción en las calles de

Exmouth, en Devon, sin embargo, fue de preocupación. Miriam, una peluquera jubilada, no estaba nada contenta con el anuncio del Primer Ministro. '¡Bueno, también podrían enviar al ejército a asesinarnos a todos y acabar con esto!', dijo. Esta opinión fue secundada por Tim, un concejal local: 'Pero aún no hemos recibido nuestra sexta dosis de refuerzo. ¿Cómo puede ser segura esta decisión? ¡Es una locura!'

Regla 3: Cuando los antivacunas protesten de cualquier forma, asegúrese de resaltar lo marginales, conspiradores, extraños, potencialmente peligrosos, pocos en número, totalmente egoístas y generalmente poco representativos de la corriente principal que son. En este tipo de casos, también es útil hacer un uso liberal de las comillas.

Ejemplo:

'La invasión de Ottawa por camioneros que hacen campaña por la 'libertad' ha llegado a su 11er día. Un total de 12 camioneros estuvieron presentes. Una de ellas, Margery, que tenía el pelo morado, un gato bajo cada brazo y agitaba un cartel con las palabras '¡El 5G es la vacuna!', dijo: '¡Somos canadienses amantes de la paz que queremos recuperar nuestro país!', antes de sacar un revólver y disparar algunos tiros en dirección a los edificios gubernamentales. El gobierno canadiense se enfrenta a una presión creciente para actuar con decisión sobre el convoy de la 'libertad', que dice que también hace campaña por la 'autonomía corporal' y los 'derechos humanos inalienables'. La protesta llega en un momento en que las reuniones de más de 1 persona siguen siendo ilegales y, por lo tanto, pueden constituir un evento de superpropagación que finalmente amenazará el progreso que el gobierno canadiense ha logrado al intentar salvar vidas.'

Regla 4: Nunca, jamás publique una carta de un antivacunas en su periódico. Tan pronto como sepa que es de uno, ni siquiera lea el resto.... en su lugar, póngala inmediatamente en una carpeta separada titulada 'chiflados.'

Por ejemplo, *nunca* publique una carta que comience así:

> 'Señor,
>
> Nosotros, en el Centro para las Libertades Civiles, estamos cada vez más preocupados por la eliminación por parte del gobierno de los derechos básicos garantizados por la Constitución....'

Pero *sí* publique:

> 'Señor,
>
> Me horroricé al ir a la peluquería el otro día y enterarme de que mi cabello estaba siendo cortado por alguien que no está vacunado (y, lo que es peor, ¡orgulloso de ello!). Me mantuve callada para evitar inhalar cualquiera de sus gotitas y actualmente estoy sentada en mi coche fuera de la sala de emergencias más cercana para no tener que ir muy lejos cuando llegue el momento. Mi peluquera debería avergonzarse de sí misma y siento que ella, y los de su clase, deberían ser encerrados para siempre en lugar de potencialmente asesinarnos a todos.
>
> Atentamente,
>
> Maggie O'Muirahertaighach.

En su coche fuera del Hospital St. Jimmy's, Dublín.'

Regla 5: Cuando *deba* entrevistar a un antivacunas en su programa de radio o televisión, asegúrese de que cumpla al menos cinco de los siguientes criterios:

1. Practica una profesión de salud holística, como la aromaterapia o el Reiki, y cree que esto cura el cáncer
2. Es cristiano
3. Expresa la creencia de que las elecciones de EE. UU. fueron robadas, que los disturbios del Capitolio fueron organizados por Antifa y que Trump es simplemente maravilloso
4. Tiene un rastro en internet a sitios web marginales en los que ha expresado apoyo a ideas y teorías nazis. Idealmente, tiene una esvástica tatuada en un lugar visible.
5. Cree que el mundo está dirigido por un grupo de élite, 'Los Illuminati', que probablemente son extraterrestres

Regla 6: Siempre que describa a alguien que afirma haber sufrido una 'lesión por vacuna', haga un uso liberal de las comillas. Asegúrese de incluir una declaración en el sentido de que, sin embargo, todavía está encantado de haberse vacunado (haga lo que tenga que hacer para que diga esto).

Ejemplo:

'Candy, una mujer de 26 años de Dallas, 'afirma' haber desarrollado el 'síndrome de Guillain-Barré', un 'trastorno neurológico raro' después de su segunda vacuna. Ella cree que sus síntomas incluyen episodios de 'parálisis casi total', 'debilidad muscular severa' y 'dificultad para tragar'. Dice que su reacción inicial fue 'mortal' y 'requirió hospitalización durante 3 semanas'. Sin embargo, todavía está encantada de haberse vacunado. "¡¿Qué estás haciendo?! ¡No, por supuesto, por supuesto! ¡Estoy tan encantada de haberme vacunado! ¡En la luna, de hecho! Quiero decir, el lado del Guillain-Barré, eso es totalmente manejable en realidad y, con ómicron llegando en cualquier momento, estoy tan contenta de que me ahorraré lo peor de eso.... ¿puedes guardar esa pistola ahora?"

Regla 7: Al discutir incidentes de aumento del exceso de mortalidad no relacionada con el Covid entre jóvenes y personas de mediana edad, deje claro que estos no pueden atribuirse al programa de vacunación, sino a casi cualquier otra cosa.

Ejemplos:

'Los expertos advierten que el aumento de la tasa de ataques cardíacos entre hombres de mediana edad se debe al aumento de la ansiedad por tener un ataque cardíaco en ese grupo'

'La falta de una higiene bucal adecuada es la causa probable del aumento de las tasas de inflamación cardíaca entre hombres jóvenes, dice un experto (y quiénes somos nosotros para dudar de él)'

'Investigador líder sugiere que el creciente número de accidentes cerebrovasculares puede atribuirse al aumento de las alergias a las mascotas'

Y así sucesivamente.

MUY BIEN, esa fue mi guía para hablar sobre el Covid en la prensa. En cierto modo, no sé por qué la escribí. Después de todo, los medios de comunicación de todas partes han estado siguiendo reglas de este tipo todo el tiempo. Pero lo que sí sé es que estamos en una batalla de ideas y todos debemos desempeñar nuestro papel, ya sea, en un extremo de la escala, verificando los hechos de alguien en uno de sus grupos de WhatsApp o, en el otro, escribiendo un artículo de opinión para *The Guardian*. De hecho, si miramos a lo largo de la historia, siempre es el lado que se esfuerza por evitar que los tontos de la sala expresen su punto de vista el que finalmente gana. Y necesitamos ganar ahora también, porque, Dios nos ayude, la gente hoy en día puede ser verdaderamente más tonta que nunca.

Miren, no los culparía si se sintieran un poco desanimados después de leer este capítulo. Quiero decir, ¿no es deprimente que incluso tengamos que decirle a la gente cómo pensar en primer lugar? ¿Por qué algunas personas no están tan mentalmente conectadas como el resto de nosotros? Así que, es hora de algunas noticias realmente buenas en este punto, mientras avanzamos hacia nuestro próximo capítulo. De hecho, afortunadamente la mayoría de los gabinetes gubernamentales de todo el mundo están muy informados y han respondido a esta pandemia de la manera más científica posible. ¡Así que ahora vamos a darnos el gusto con la crème de la crème de estos últimos años y el Salón de la Fama del Confinamiento!

Primero, la tierra de santos y eruditos, mi propio y hermoso país, la Isla Esmeralda....

4

CAPÍTULO CUATRO: EL SALÓN DE LA FAMA DEL CONFINAMIENTO

Irlanda: Un Caso de Estudio Modelo – ¡Probablemente el Mejor Confinamiento del Mundo!

Como todos los irlandeses orgullosos, creo que Irlanda es prácticamente la mejor en todo y nuestro enfoque ante el Covid-19, o 'el Covid' como lo llamamos cariñosamente aquí, no ha sido una excepción.

A mitad de la pandemia, recuerdo bien haber visto un video de los valientes miembros de An Garda Síochána (esa es nuestra fuerza policial nacional para aquellos de mis lectores que aún no han tenido el placer de aprender nuestra hermosa lengua nativa) arrestando a un pastor evangélico en Dublín durante su servicio dominical. Ahora, este pastor estaba rompiendo descaradamente las leyes de Covid que prohibían todos los servicios religiosos presenciales en ese momento y, sin embargo, en el video, ¿no siguió y siguió hablando de su derecho constitucional a adorar o alguna tontería por el estilo? ¡Qué descaro el suyo! Y me alegra decir que los Guardias no toleraron ninguna de sus payasadas: al furgón fue y de allí a la cárcel más cercana. Es decir, ¿qué estaba pensando el hombre, poniéndonos a TODOS en riesgo? Claro, justo el día anterior, dos personas habían muerto de Covid.

Curiosamente, algunas personas en ese momento criticaron esta criminalización del culto comunitario, señalando que pone a Irlanda en una posición demasiado cercana a países como Arabia Saudita o Corea del Norte. Honestamente, ¡¿qué tan racista se puede ser?! Yo, por mi parte, creo que el gobierno irlandés tomó la decisión 100% correcta en este caso. Claro, todos sabemos que estos tipos religiosos pueden dejarse llevar un poco, saltando y cantando alabanzas a todo pulmón.... De hecho, diría que es solo cuestión de tiempo antes de que un estudio confirme que son, sin duda, los peores propagadores de la enfermedad (después de los no vacunados, claro). Bueno, eso es entre los evangélicos de todos modos, pero incluso entre los católicos, que tienden a ser bastante reservados en Irlanda, está claro que la Misa es un desastre de salud pública a punto de ocurrir. Piensen en esa parte donde todos se acercan al sacerdote para recibir su santa comunión. ¿Qué pasa si el sacerdote tiene Covid? ¿Se imaginan el titular? 'Sacerdote soltero mata a toda la Parroquia en un Evento de Súper Propagación Impactante'. No, en mi opinión no hay duda de que el culto en línea era la única opción.

En cualquier caso, la respuesta al Covid por parte de la burocracia irlandesa me llenó de orgullo desde el principio. De hecho, en marzo de 2020, el gobierno creó un grupo asesor para determinar la mejor manera de responder a la pandemia. Este grupo se llama El Equipo Nacional de Emergencias de Salud Pública, o NPHET (pero todos lo pronuncian como NEPHET, lo que suena un poco a antiguo egipcio y, por lo tanto, bastante genial, ya saben, un poco como Nefertiti o Nabucodonosor. Ahora, dicho esto, no es el acrónimo que yo habría elegido. Verán, soy bastante fanático de los acrónimos que también significan algo por sí mismos, como el grupo SAGE en el Reino Unido [el 'Grupo Asesor Científico para Emergencias' y un grupo muy sabio, por cierto]. En retrospectiva, quizás algo como COMPLY habría sido mejor ['Comité para Supervisar esta Monstruosa Pandemia y las Mentiras que los Vándalos inventarán al respecto' - La palabra inglesa «comply» significa «cumplir» y es el acrónimo original: 'Committee for Overseeing this Monstrous Pandemic and the Lies that Yobbos will Come Up With About It'] pero tendremos que tener eso en cuenta para la próxima vez.)

En cualquier caso, NPHET ha hecho un gran trabajo. De hecho, cada regulación de Covid que idearon se basó en el pensamiento científico más avanzado. Por ejemplo, los ciudadanos solo podían viajar hasta 5 km desde sus hogares durante la mayor parte de la pandemia, a menos que fuera por un propósito esencial. Ahora, si no fueras la persona más brillante, podrías preguntarte si alguien que conduce, digamos, 9 km desde su propia casa, representaría un riesgo para la salud pública.... ahí están en su coche, un espacio confinado y cerrado, y así sucesivamente, y ¿no podrían seguir las pautas de distanciamiento social dondequiera que salieran, bla, bla, bla? Pero, ¿y si abrieran la ventana en algún momento y, de repente, llenos de alegría por la novedad de su entorno, comenzaran a cantar a todo pulmón 'It's a Beautiful Day' de U2, solo para que una gota con Covid se la llevara el viento y aterrizara en una viejecita parada en una parada de autobús que, muy poco después, es trasladada a la UCI... ¿los escépticos siquiera consideran tal escenario? No, por supuesto que no, y por eso todos deberíamos estar agradecidos de que NPHET dejara muy claro lo que todos teníamos que hacer.

Y esta regla de distancia se aplicó por igual a todos, incluso a los que vivían en el campo. ¡La osadía de algunos campesinos al pensar que deberían haber tenido una exención especial de la regla de los 5 km! Oh sí, claro, vives en un lugar aislado y no hay ni un alma a la vista y por lo tanto crees que el riesgo es mínimo y claro, ¿por qué no puedes ir a la playa que está a 8 km de distancia.... bastardo egoísta? Bueno, todos somos conscientes de que la gente del campo tiende a ser un poco simple. Por lo que sabemos, la ciencia probablemente mostrará que el Covid puede ser transmitido por ovejas, caballos u otros animales con los que esta gente suele estar todo el tiempo y que lo siguiente será el Síndrome de Covid de Ovejas Locas (COL), que será incluso peor que la Enfermedad de las Vacas Locas. Bueno, no lo sabemos con certeza y por eso tenemos que planificar para cualquier eventualidad y, en ese sentido, la regla de la distancia tiene tanto sentido en el campo como en la ciudad.

Pero si bien el gobierno me ha calentado el corazón, esto no es nada en comparación con la admiración que siento por los medios irlandeses, en particular RTÉ, la emisora nacional. Han hecho un trabajo excelente al recordarnos a todos exactamente qué tipo de diablura estaba haciendo el Covid en cualquier momento dado. Tanto es así, de hecho, que recuerdo una mañana cuando, totalmente inocentemente, le dije a la señora 'Cariño, ¿me pones Covid Radio 1, por favor?' '¿Covid Radio 1, Oisín? ¿Te refieres a RTÉ Radio 1, querido?' '¡Oh sí, qué tonto de mi parte!'

En cualquier caso, el nivel de su cobertura de noticias ha sido simplemente fenomenal. De memoria, aquí hay un ejemplo de uno de sus informes:

"Bienvenidos a las noticias de la 1 con Sharon Ní Baoldom. NPHET ha informado de un preocupante aumento en el número de casos de Covid entre adolescentes y niños, con un 55% de los 2.641 últimos casos confirmados pertenecientes a ese grupo. Ahora pasamos con nuestro reportero, Cormac Scaoillmhóir. ¿Cormac?

Sí, Sharon. Estoy aquí ahora en la escuela Nuestra Señora de las Causas Perdidas en Drimnagh y ¡qué nombre tan apropiado después de esta última tragedia! Aquí, 3 de los 123 alumnos dieron positivo recientemente a la enfermedad y por eso la junta escolar ha decidido cerrar la escuela durante al menos los próximos 3 meses. Me acompaña Séamus, un amigo de alguien que contrajo Covid-19. Séamus ha tenido una prueba PCR negativa antes de esta entrevista. Séamus, cuéntanos sobre tu amigo, Rory:

Sí, bueno, Rory, le dio un poco de moqueo, así.

¿Y fue un moqueo fuerte, Séamus?

Sí, le salía mucha mucosidad de la nariz. Era asqueroso.

Ya veo, eso suena muy mal. Bueno, Sharon, como puedes escuchar de Séamus, esta no es solo una enfermedad que puede afectar a los muy mayores, sino también a los muy jóvenes y a los que por lo demás están sanos. Las preocupaciones sobre la seguridad de los niños están aumentando entre los padres, quienes piden cada vez más el cierre de todas las escuelas en el futuro previsible. De vuelta contigo en el estudio."

Esto es un reportaje implacablemente valiente, simple y llanamente.

Y, volviendo a las autoridades, nuestro gobierno también tomó algunas decisiones implacablemente correctas, juicios difíciles que resultaron ser totalmente acertados. Por ejemplo, a mitad de la pandemia introdujeron la cuarentena obligatoria en hoteles, con las llegadas al Estado desde países específicos obligadas a someterse a un período de dos semanas, a su propio cargo, en un hotel a las afueras del aeropuerto de Dublín. Ahora, fíjense, no introdujeron esta regla solo para las llegadas de cualquier país o lugares que uno esperaría como Francia o Alemania... no, en cambio, centraron sus esfuerzos en los lugares que uno no asumiría necesariamente que serían los mayores precursores de la enfermedad en las costas de Irlanda. Pero si nuestros agentes gubernamentales sintieron que lugares como Angola, Ruanda y Colombia, y otros países que no tienen conexión de viaje directa con Irlanda, eran los más propensos a enviar multitudes de hordas resfriadas en nuestra dirección, entonces no tengo ninguna duda de que estaban siguiendo la ciencia. Y además, el gobierno, actuando correctamente bajo el principio de que la precaución es lo primero, también fue sabio ante la posibilidad de brotes que amenazaran al mundo incluso desde las fuentes más improbables: pequeños países como Mónaco, Andorra y San Marino. Claro, en San Marino, un país de 33.000 habitantes, típicamente tenían 25 casos en una semana. Eso son 25 personas que de otro modo podrían haber decidido que ahora era el momento de visitar Irlanda. Tales acciones salvan vidas. Y además, no hemos olvidado cómo San Marino nos marcó una vez un gol en el fútbol, el único en la historia del deporte, creo. La venganza es dulce.

En cualquier caso, mi conclusión con respecto a la respuesta irlandesa a la pandemia es que fue verdaderamente maravillosa en su totalidad.

Hubo algunas manchas en el panorama, sin embargo. Por ejemplo, un individuo bastante desagradable llamado

'Ivor mira los datos Cummins' que estaba soltando tonterías conspirativas en YouTube cada semana. ¡Oh, lo que no habría dado por 'debatir' con él con un sliothar (*palo utilizado en el deporte tradicional irlandés*)! Y luego, por supuesto, tuvimos toda una gama de extremistas de extrema derecha protestando en Dublín. Esto no solo fue un comportamiento antideportivo por su parte, sino que también puso en peligro a todos los Guardias. Es decir, el despliegue de la vacuna ni siquiera había comenzado en ese momento y, por lo tanto, los Guardias no podían golpear a ninguno de ellos sin poner en riesgo su propia salud. Pero claro, este tipo de personas nunca pueden pensar más allá de sus propias narices.

En cualquier caso, hay manzanas podridas en todas partes, pero, en general, el pueblo irlandés ha estado muy informado, científicamente hablando, durante toda esta pandemia y hago un llamamiento a todos los gobiernos del mundo para que copien nuestro enfoque, que fue, sin duda, el mejor del mundo. Bueno, la verdad es que tendemos a superar nuestras expectativas en casi todo lo que hacemos y no ha sido diferente con el Covid.

Ahora, dicho todo esto, debo admitir que una parte de mí se siente un poco insegura acerca de la respuesta irlandesa a la pandemia. Solo un poquito, eso es todo. Verán, al poco tiempo también aprendí que existía otro modelo para lidiar con el Covid, uno que sonaba tan cercano a la Utopía como uno podría imaginar (una 'Covidopía', por así decirlo) y me sentí algo avergonzado de que no hubiéramos adoptado esta forma de hacer las cosas en Irlanda, por muy excelentes que fueran nuestros esfuerzos, por supuesto. Verán, este otro enfoque, conduce a un mundo donde nadie se enferma nunca de Covid, nadie muere nunca por ello y donde todos permanecen seguros para siempre. Llaman a este enfoque la forma 'Covid Cero' y, en esencia, todo lo que implica es que todos en un país (e idealmente el mundo entero) eviten el contacto con los demás durante el resto de sus vidas y se vacunen cada cuatro meses..... pero por muy simple y totalmente infalible que sea esta estrategia, solo unos pocos lugares valientes la adoptaron. Cualquier lugar que lo hizo tiene mi admiración eterna e imperecedera y uno de esos lugares resulta ser nuestro próximo país en el Salón de la Fama del Confinamiento, a saber...

Australia (hmmm, en realidad podría haber hecho todo el asunto del confinamiento un poco mejor que nosotros)

Nunca olvidaré el día en que leí un informe en *The Oirish Times* sobre cómo un guardia de seguridad en Perth había dado positivo por Covid y luego toda la ciudad de dos millones de personas fue inmediatamente confinada. Desde ese momento, quedé enganchado. 'Ahora hay un país que se toma el Covid en serio', pensé para mí mismo e inmediatamente me puse a investigar todo lo que pude encontrar sobre el enfoque de Australia. Lo que encontré fue verdaderamente una tierra de leche y miel (o de 'vacunas y mascarillas', supongo que se podría decir). Verdaderamente, los australianos sobresalieron en todos los sentidos cuando se trata de Covid y para hacer justicia a sus logros se requeriría una tesis completa. Así que he decidido, en cambio, centrarme en su programa de vacunación, del cual obtendrán una idea de su magnífico enfoque general...

El Programa de Vacunación Australiano

Ahora, a menudo me preguntaba cómo abordarían exactamente los Wallabies la Cuestión de la Vacunación.... ¿se prohibiría (con razón) a los no vacunados tocar el didgeridoo en comunidad? Hace unos meses, vi un reportaje de noticias en televisión de la Tierra de Oz que lo reveló todo:

> 'Hola Shane. Soy Sheila y estoy en las calles de Melbourne donde acaban de entrar en vigor las últimas leyes de salud. Los no vacunados siguen teniendo prohibido el acceso a la mayoría de los lugares cerrados, pero, a partir de hoy, si se les sorprende tosiendo o estornudando en público, pueden ser arrestados y encarcelados hasta por seis meses. Se anima a los ciudadanos a estar atentos a cualquier persona que muestre signos de actividad viral, incluso signos sutiles como secreción nasal, y a informar de ello a la policía local. Me acompaña ahora el jefe de policía del distrito, Mike Giblet. Mike, ¿puedes contarnos más sobre estas nuevas regulaciones?
>
> "Sí, Sheila. Desde el primer día de esta pandemia, todos nos hemos acostumbrado a estar atentos a los signos típicos de actividad viral en nosotros mismos y en nuestros seres queridos más cercanos. Pero ahora se nos pide que extendamos esa misma vigilancia hacia los demás: si detectan a alguien tosiendo o estornudando, particularmente si tienen razones sólidas para sospechar que no está vacunado, como una apariencia y comportamiento extraños o el uso de un sombrero de papel de aluminio, por favor llamen a nuestra línea de ayuda dedicada RPNV (Reportando Peligros No Vacunados) al 155 y presenten un informe. Nosotros nos encargaremos del asunto a partir de ahí."

Muchas gracias, Sr. Giblet. En aras del equilibrio, ahora nos acompaña *escupitajos* una persona no vacunada, Michelle. Michelle está microfoneada y de pie en el otro extremo de la plaza para mantenernos a todos a salvo. Michelle, ¿no eres una persona asquerosa?

"No, no lo soy.... Simplemente estoy ejerciendo mi autonomía corporal y he decidido que, dado que tengo un historial de reacciones anafilácticas a las vacunas... "

¿Reacciones anafilácticas? Nada que un EpiPen no pueda solucionar, ¿verdad? ¿Cómo puedes ser tan egoísta?

"Bueno, estas reacciones pueden ser fatales y... "

Bueno, ¡también el Covid, así que ahí lo tienes!

"Sí, pero *tos*, perdón, tengo algo en la garganta... "

¿Qué fue eso? ¡¿Tú toses?!

"Sí, tenía algo en la garganta, pero de todos modos, como decía.... ¡¿oye, qué está pasando?! ¡¡Déjenme en paz!!"

Y ahora estamos viendo en vivo cómo la policía de Melbourne lleva a cabo una de las primeras detenciones bajo esta nueva legislación. Podemos ver que Michelle está ahora rodeada por cuatro policías, todos con triple mascarilla, visores faciales y llevando porras esterilizadas. Arriba, un helicóptero sobrevuela, desde el cual se emite el mensaje de que todos deben despejar la plaza. Y, sí, uno de los policías ha golpeado a Michelle y ella está en el suelo, y otro acaba de intervenir y le ha aplicado una descarga eléctrica. Ahora, la están rociando por completo con desinfectante, la envuelven en una lámina de plástico resistente a virus y la están subiendo al helicóptero, desde donde esperamos que sea transportada al campamento Covid más cercano. Verdaderamente, Shane, ha sido una alegría presenciar tal eficiencia policial: para esto pagamos nuestros impuestos. ¡De vuelta contigo en el estudio!'

Habiendo visto este informe, me llené de nada más que admiración e inmediatamente investigué cómo podría emigrar a Australia lo antes posible (no es que, como debo reiterar, la respuesta al Covid en mi propia tierra haya sido otra cosa que magnífica, pero hay algo tan bellamente puro en los esfuerzos australianos que me llega al alma). Desafortunadamente, no están dejando entrar a nadie en este momento, pero, tan pronto como lo hagan, pueden apostar que el Prof. Oisín solicitará ingreso a todas las universidades australianas que pueda encontrar. (Me encantaría hacer un estudio sobre los tipos óptimos de campamentos de cuarentena de Covid, así que si eres un rector de una universidad en Australia, por favor, contáctame).

Y hablando de entrar en Australia....

Política Fronteriza Australiana de Covid

Los australianos también adoptan el enfoque correcto cuando se trata de mantener fuera a los enemigos número 1 de la salud pública, también conocidos como los no vacunados. Tomemos el caso del ahora infame Sr. Novak Djokavic. O debería decir Sr. NoVAX Djokavic. O quizás incluso Sr. NoVAX (¡qué total) BROMEavic.

Lo que más admiro del enfoque del gobierno australiano es que defendieron la seguridad de su gente a TODA costa. El hecho de que el Sr. Novax obtuviera una exención de vacunación y permiso para jugar en el torneo no impidió que la fuerza fronteriza australiana lo detuviera inmediatamente a su llegada y lo pusiera en un hotel de cuarentena a la espera de su orden de deportación. De manera similar, cuando el Sr. Novax tuvo la audacia de apelar esta decisión y ganar su caso judicial, los australianos aun así lo enviaron de vuelta, alegando que era una amenaza para la 'salud y el orden públicos'. Eso es lo que yo llamo verdadero liderazgo.

Y tenían toda la razón al hacerlo.

¿Qué pasaría si, por ejemplo, parte de su saliva no vacunada cayera sobre la pelota justo cuando está a punto de sacar y esa misma saliva se proyectara luego hacia su oponente quien, distraído al jugar contra alguien tan no vacunado, calcula mal su golpe y la pelota termina aterrizando sobre una anciana en la multitud que luego muere tres días después porque, sí, su saliva tenía Covid?

La posibilidad de tal tragedia, que me parece eminentemente plausible, fue evitada por las acciones decisivas del gobierno australiano.

Además, me animó ver cuánto querían los australianos que el Sr. Novax se fuera de su tierra. En la televisión, vi a un joven de 12 o 13 años entrevistado: 'Bueno, si se queda, no lo veré porque no está vacunado', dijo con evidente disgusto en su rostro. Bien por ti, hijo. El futuro es brillante en Australia.

Así que ahí lo tienen.... esto es verdaderamente lo que parece una utopía moderna, una tierra de 'Magos de Oz' de la vida real, por así decirlo. Y a todos esos críticos de Australia que dicen que el éxito de su enfoque Covid Cero se debe mucho a su posición geográfica aislada..... ¡Dios mío, este tipo de personas realmente han dejado sus facultades críticas en la puerta! ¿Acaso no todos los países tienen fronteras? ¿Me estás diciendo que no puedes tener a las fuerzas armadas en la frontera, transportando a todas las llegadas a campamentos estatales? Este tipo de cosas se han hecho antes en la historia de la humanidad y apenas están más allá del ingenio humano, así que no me digan que una estrategia de Covid Cero no es factible EN TODAS PARTES. Claro, incluso se podría construir un muro a lo largo de cada frontera para mantener a la gente fuera. Porque cualquiera que tenga secreción nasal y aun así elija viajar a otro país no es mejor que un violador o un asesino en mi opinión. Construyan un muro, manténganlos fuera y mantengámonos todos SEGUROS.

En cualquier caso, ahora hemos visto cómo el Covid Cero puede funcionar en la práctica y puedo decirles lo triste que estoy de que no lo hayamos adoptado en Irlanda (aunque, por supuesto, aproveché todas las oportunidades para impulsarlo cuando estaba en la radio). Pero eso no quiere decir que, como en Irlanda o en nuestro próximo país del Salón de la Fama, no se pueda seguir haciendo fabulosamente bien. Y así, pasemos ahora a considerar a Canadá, que, si bien no tuvo un enfoque de Covid Cero, logró alcanzar un nivel de respaldo y apoyo social que tal vez, si soy honesto, me lleva de nuevo a sentir un poco de envidia...

Canadá (de nuevo, un país que me hace sentir un poco incómodo con nuestro propio rendimiento ante el Covid)

Los canadienses siempre han sido una nación maravillosamente liberal, tan diferente de sus vecinos inmediatos al sur. Así que apenas me sorprendió cuando confinaron a todo el país y ordenaron a todos que se quedaran dentro. Verdaderamente, seguir las actualizaciones provenientes de esta hermosa tierra ha sido una fuente de alegría casi continua. No todo ha sido bueno, por supuesto. Esos camioneros marginales, principalmente confederados reclutados de Texas, al parecer, eran simplemente grotescos... pero me ocuparé de ellos en otro lugar.

Creo que el éxito del enfoque de Canadá se puede

resumir con la siguiente transcripción de un programa de televisión en el que se entrevistó a dos niños canadienses sobre sus puntos de vista acerca del programa de vacunación. Todo el intercambio fue verdaderamente impresionante: ¡qué niños tan profundamente inteligentes (y no más de 10 u 11 años!) están criando nuestros queridos amigos canadienses. Sigan leyendo e inspírense: esto es indicativo del nivel de apoyo a nivel de toda la sociedad que se puede lograr cuando el mensaje pandémico de su gobierno está verdaderamente acertado.

'Presentador: ¿Están ambos vacunados?

Niña: Sí, ambos hemos recibido dos dosis, pero estamos deseando recibir más. He pedido una Pfizer para mi cumpleaños, pero George quiere una BioNTech.

Niño: ¡Sí! Esa suena taaaan genial.

Presentador: ¿Y están ambos a favor de la vacunación obligatoria?

Ambos niños: Oh, totalmente.

Presentador: ¿Qué deberíamos hacer con la gente que no quiere la vacuna?

Niño: ¡Deberíamos llamar a la policía!

Niña: O quizás al ejército. Algunas de estas personas son extremistas.

Presentador: ¿Y debería ser obligatorio también para la gente de su edad? ¿Deberíamos llamar a la policía por ellos?

Niño: ¡Definitivamente! Lucas siempre me está molestando y no está vacunado. Me gustaría que lo encerraran.

Presentador: ¿Y cómo podemos hacer que la gente se vacune?

Niño: Creo que deberíamos simplemente inyectársela.

Niña: No, todavía no. Creo que lo que está haciendo el

gobierno es perfecto por ahora, cortarles todo, poco a poco, hasta que se sometan y se vacunen.

Presentador: ¿Y por qué creen que la gente no quiere vacunarse?

Ambos niños: ¡Porque son racistas!

Presentador: Bueno, me parece que aquí tenemos a algunos futuros políticos. ¡Demos un aplauso a estos dos!

El público aplaude con entusiasmo y les da una ovación de pie.'

Realmente, una vez que lees esto, ¿hay algo más que deba decirse sobre el enfoque de Canadá? El programa de información del gobierno en torno a su respuesta a la pandemia es tan excelente que incluso los niños pequeños pueden captar todos los matices.

De nuevo, sin embargo, debo admitir que esto me hace sentir un poco preocupado por el enfoque adoptado en mi propio querido país. Es decir, sé que la mayoría de nosotros estábamos 110% a favor del gobierno, pero ¿por qué no vi ninguna entrevista de niños como esta en The Late Late Show? Como mínimo, Tubbers (Ryan Tubridy) podría haber usado el programa anual de juguetes para sugerir que Santa no da regalos a los niños no vacunados y tal vez cantar una cancioncilla o dos para ilustrar el punto: 'Más vale que seas bueno, que te pinchen al menos dos veces, seas grande o seas pequeño, ¡Santa Claus os vacunará a todos!' Hmmm, mejor llamo a algunos de mis amigos en RTÉ y veremos qué se nos ocurre...

Hasta ahora hemos destacado los puntos fuertes de los enfoques irlandés, australiano y canadiense, pero, ahora que lo pienso bien, hay un país en particular que probablemente puede ser considerado con razón el Rey del Covid, al menos en lo que respecta a lidiar con las amenazas planteadas por los antivacunas. Quiero decir, los australianos tuvieron razón al indicar su desaprobación de Djokovic y es siempre genial cuando puedes conseguir que los niños se involucren, como en Canadá, pero a veces solo necesitas acciones reales para respaldar tus palabras, ¿sabes? Y cuando se trata de llevar tus palabras a la acción, hay una tierra que, al mirar hacia atrás, solo desearía que todos hubiéramos tenido el coraje de emular. Pero, por ahora, su ejemplo se erige como un modelo a seguir para todos nosotros, disponible de forma segura para que los líderes mundiales lo adopten la próxima vez que estemos en medio de una pandemia. Y así, ahora centramos nuestra atención en....

Austria (ok, tengo que admitir que estos lo hicieron realmente mejor)

Cuando se trata de lo mejor de lo mejor del Covid, no tengo ninguna duda de que son nuestros hermanos y hermanas austriacos quienes se están llevando la palma. Fui el editor principal de un suplemento especial en *The Oirish Times* que, creo, dice todo lo que necesitas saber sobre el enfoque de Austria. Así que prepárate una taza de té y disfruta recordándote la genialidad austriaca general en el frente del Covid....

'¡ASÍ ES COMO SE HACE!

En la última edición de este especial de *Oirish Times* que examina diferentes respuestas al Covid en todo el mundo, nuestro experto residente, el Prof. Oisín MacAmadáin, comparte su entusiasmo por las recientes restricciones de Covid en Austria. Allí, el gobierno acaba de introducir la vacunación obligatoria con multas de hasta 7.200 € y prisión para quienes no cumplan. ¿Debería ocurrir lo mismo en Irlanda? ¡Sigan leyendo y juzguen ustedes mismos!

Reacción pública descrita como "muy favorable" y "rozando la euforia"

El ambiente entre los ciudadanos en las calles de Viena ayer por la tarde solo puede describirse como de júbilo. "¡Honestamente, no recuerdo la última vez que estuve tan feliz! Por fin, puedo emborracharme o drogarme con seguridad con mis amigos, que están todos vacunados, por supuesto.... ¡estos horribles delincuentes nos han tenido a todos como rehenes durante demasiado tiempo!", dijo Kirsten, una maestra de escuela primaria local. Mientras tanto, Kaspar, un contable, aunque también encantado con la decisión del gobierno, expresó una nota de cautela: "Lo único es que siento pena por todos los demás prisioneros.... ni siquiera el peor asesino o violador merece estar cerca de estas personas. Tal vez deberían construir una nueva prisión o campamento solo para los no vacunados." "¡Sí, un campamento!", gritó otro juerguista completamente vacunado cerca. "¡Necesitamos un campamento especial para esta gente! ¡Yupi!" Las escenas de alegría y fiestas callejeras continuaron hasta altas horas de la noche. Se reportaron incidentes de estornudos públicos, pero la policía ha confirmado que no se realizarán investigaciones. Esto se debe a que los expertos creen que los estornudos de personas vacunadas no representan ningún riesgo para la salud de los demás e incluso pueden aportar beneficios para la salud.

Profesor de ética describe la decisión como "extremadamente ética" y "algo que Aristóteles habría aprobado"

La Prof. Ann Schlüss de la Universidad de Salzburgo ha dicho que la decisión del gobierno "cumple con todos los requisitos éticos", incluso los de Kant, cuya casilla ética es "notoriamente difícil de marcar". "Miren, la cuestión es que la libertad individual debe equilibrarse con el bien colectivo. Nadie tiene derecho a participar en asesinatos casuales a diario como lo hacen actualmente los no vacunados. No tengo ninguna duda de que esta fue una decisión tan ética como se podría esperar. De hecho, estoy organizando un simposio el próximo mes, cuyas actas se publicarán en un libro titulado: *La Vacuna como Bien Moral: La Política de Salud Pública Austriaca Contemporánea Enraizada en la Tradición de la Ética de la Virtud*... ¡un regalo de Navidad ideal y suyo por solo 139,99 €!"

Antivacunas chiflado dice que está feliz de quedarse en casa el resto de su vida

Markus Nütterjob, un miembro destacado de la organización terrorista antivacunas '¡Impfung Macht Frei!', ha estado megáfoneando, desde su balcón, su descontento a los transeúntes fuera de su casa. "¡Tendrán que clavarme al suelo!", "¿Una multa de 7.000? ¡Bah! ¡Totalmente vale la pena! "¡Nunca 'por encima de mi cadáver' se aplicó más!" Un comunicado policial emitido hoy temprano declaró que están monitoreando el comportamiento del Sr. Nütterjob luego de quejas de un grupo de residentes locales que creen que el embargo a los no vacunados para salir de sus casas debería extenderse también a sus balcones.

ARTÍCULO DE OPINIÓN: Nueva ley refleja un cambio en el panorama político hacia el Progresismo

Hace solo unos años, la política austriaca estaba dominada por la extrema derecha con una retórica que atacaba sin piedad a musulmanes e inmigrantes de casi cualquier nacionalidad. El cambio actual, por lo tanto, hacia el ataque a los no vacunados puede verse, sin duda, como el toque de difuntos para el movimiento austriaco de extrema derecha y como un nuevo amanecer para la política liberal y progresista en el país. "Estoy tan contento", dijo el político laborista local, Hermann Hündbisket, "Era realmente horrible ser parte de una sociedad donde la discriminación contra grupos minoritarios era tan descarada y cotidiana. Me enorgullece tanto pensar que esos días han quedado atrás y que la gente ha encontrado una manera de meterse con un grupo social sin causar ninguna discriminación. Es una situación en la que todos ganan, si alguna vez hubo una." Mientras tanto, el presidente francés, Emmanuel Macron, llamó al primer ministro austriaco para transmitirle sus felicitaciones por los recientes cambios políticos y le ofreció palabras de aliento para "seguir fastidiando a tantos bastardos como puedas".

"¡Necesitamos esto también!" dice mujer de Cork en la radio mientras encuesta indica que la mayoría del público favorece una política al estilo austriaco en Irlanda

El programa *Lifeline* de Joe Duffers se vio inundado de llamadas ayer, expresando su apoyo a la política de vacunación de Austria '¡Vacuna o Cárcel!'. "Jodidamente maravilloso es lo que es, jodidamente maravilloso", dijo Trisha, una oyente de Cork. "Somos demasiado pusilánimes en este país, solo mantenemos a estos teóricos de la conspiración fuera de los cafés y cines. Creo que la amenaza de un poco de tiempo en el calabozo los haría arremangarse en un santiamén... Me encantó el día que me vacuné sabiendo que estaba completamente protegida, pero la idea de que cualquiera de estos locos aún pudiera matarme así como así.... así que estoy totalmente a favor de hacer lo que hacen los austriacos para mantenernos a todos a salvo." Mientras tanto, una encuesta del *Oirish Times* ha indicado que el 82% de los encuestados apoyaría la pena de cárcel para los no vacunados, el 13% no está seguro y el 5% restante está siendo investigado actualmente por la Gardaí. El Taoiseach Micheál Martin ha sugerido que un debate sobre un proyecto de ley relativo a la vacunación obligatoria sería un paso lógico antes de su aprobación.'

Conclusión y Menciones Honoríficas

Así que esas son mis principales elecciones para las mejores respuestas al Covid de todo el mundo, pero por favor no se decepcionen si su propio país no entró en la lista. Para ser honesto, aunque la mayoría de los lugares no han sido tan magníficos como, digamos, Australia o Austria, han hecho un trabajo bastante bueno, considerando todo. Es decir, piensen en Panamá, por ejemplo, donde a los hombres se les permitía salir de sus casas un día y a las mujeres otro, o en el estricto confinamiento de Perú, donde tenían soldados patrullando las calles y apuntando sus armas a cualquiera que se atreviera a salir a la puerta de su casa. Y, por supuesto, la querida Nueva Zelanda y su magnífica líder, Jacinda Ardern (¡oh, cómo arde mi ardor por Ardern!). Ahora, no entré en detalle en el enfoque de Nueva Zelanda, ya que era bastante similar al de Australia, por lo que tendrán una idea general de cómo ha sido la vida bajo el Covid en esta otra gran nación antípoda. Por ejemplo, cuando una familia de tres personas contrajo Covid en los suburbios de Auckland, toda la ciudad de 1,6 millones de habitantes entró en confinamiento e incluso con más del 90% de los adultos vacunados, el período de aislamiento para contactos cercanos se establece en 24 días. Material de primera.

Pero si bien la mayoría de los países se han sumado al plan, ha habido algunos casos atípicos vergonzosos, lugares que te avergonzaría visitar, vivir o, ¡Dios no lo quiera!, haber tenido la mala suerte de nacer en ellos. Realmente odio prestar atención a esos países, pero este es un libro sobre cómo exponer la locura dondequiera que se encuentre, así que ahora centremos nuestra atención en... ¡El Salón de la Vergüenza del Confinamiento!

5

CAPÍTULO CINCO: EL SALÓN DE LA VERGÜENZA DEL CONFINAMIENTO

Suecia (o 'La Triste Historia de Cómo una Utopía Liberal se Convirtió en una Pesadilla de Extrema Derecha')

Oh Dios, Suecia! Si pudiera tener un euro por cada vez que los chiflados salen con lo de 'no ha habido ningún desastre en Suecia', entonces estaría viviendo a lo grande en un yate con Klaus y toda la tripulación. Bueno, echemos un vistazo a los hechos, ¿de acuerdo? A 20 de julio de 2022, la tasa de mortalidad per cápita por Covid de Suecia es de la friolera de... ¡55 en el mundo! Sí, ha leído bien. Ahora, ¿qué tan absolutamente terrible es eso... bueno... algo horrible al menos.... bueno, en realidad bastante respetable si lo piensa.... pero no, no, el punto es que murieron más personas per cápita en Suecia que en otros países nórdicos como Finlandia o Noruega! ¡Así que ahí lo tiene! Después de todo, esa es claramente la comparación más importante que hay que hacer aquí y no piense lo contrario.

Del mismo modo, siempre debe desconfiar de las

personas que no son reacias al riesgo y más aún si está hablando de la mentalidad de toda una nación de adictos a la adrenalina que buscan la muerte como Suecia. De hecho, al principio, el modelo de muertes por Covid del Imperial College (que recordará que se adoptó en el Reino Unido y en otros lugares) sugirió que el enfoque de Suecia conduciría a un total de alrededor de 90.000 muertes en ese país para junio de 2020. ¡90.000! Y sin embargo, los obstinados suecos ignoraron extrañamente este potencial apocalipsis inminente y dijeron a la gente que siguiera con sus asuntos en gran medida con normalidad, sin una mascarilla a la vista y, fíjense, ¡confiaron en que la gente no se estornudara encima! Sí, así es, ni un solo policía recibió instrucciones de vigilar los comportamientos de estornudos de la gente. Una locura absoluta. Y, bueno, no hubo exactamente 90.000 muertes para ese junio, así que todo lo que puedo decir es que tuvieron mucha suerte, pero con poco más de 2.000 muertes, bueno, claro, iban por buen camino.

Y en cuanto a cuando Neil Ferguson, el hombre que lideraba ese modelo del Imperial College, salió ese mismo junio con la extravagante declaración de que Suecia en realidad había avanzado "bastante para [lograr] el mismo efecto (de un confinamiento)"[1] todo lo que puedo decir es que todos tenemos nuestros lapsus y ¿no debería el hombre tener más confianza en sus propios modelos y quizás ir a terapia para trabajar en su autoestima?

Además, incluso si le preocupaba un poco la idea de que el enfoque sin confinamiento de Suecia pudiera haber sido reivindicado, permítame recordarle que NUNCA debe tomar las cosas al pie de la letra.

Después de todo, piense cómo es allá en Suecia, esas vastas y vacías llanuras, llenas de alces errantes y algún que otro pastor. Claro, tendrías que esforzarte mucho para contraer el virus. Además, incluso con esos pocos suecos que viven en las ciudades, son muy reservados y odian absolutamente el contacto físico. ¿Alguna vez ha visto a dos suecos abrazándose? Mire, mi punto es que son un poco raros allá arriba y este tipo de hechos no deberían estar exentos de discusión científica. Suecia es claramente un caso aparte, completamente diferente del resto del mundo.

Para dejar mi punto bien claro, pego aquí, con su amable permiso, una conversación de WhatsApp que tuve al principio de todo con mi querida amiga en Estocolmo, Saga Loren, quien estaba terriblemente preocupada por la dirección que estaba tomando su país y fue, de hecho, la primera persona en informarme de la pesadilla que se estaba desarrollando allí:

'Oisín: Hola Saga, ¿qué tal, amiga mía amante del pescado fermentado?

Saga: Oh Oisín, estoy taaaan deprimida. Todo es una pesadilla total aquí.

Oisín: Oh, aquí también, Saga.... el Covid es una bestia....

Saga: No, Oisín, no.... ¡Quiero decir que aquí no hay confinamiento!

Oisín: ¡¿Quééééééééééééé?! ¡No lo creo!

Saga: Lo sé. Estoy realmente deprimida. La gente anda como si todo fuera totalmente normal.... sin mascarillas ni distanciamiento... se permite a la gente ir a cafeterías y visitarse en sus casas....

Oisín: ¡Oh Dios mío! ¡Qué locura.... esto debe ser taaaan duro para tu salud mental, Saga....

Saga: Estoy más deprimida que nunca. Es como vivir en un universo alternativo, viendo las caras de toda esta gente....

Oisín: Oh Saga, te sugeriría que vinieras a Irlanda de inmediato, pero podrías ser un riesgo de infección. Así que será mejor que te quedes allí, me temo.

Saga: Por supuesto, Oisín, nunca haría eso. Me quedaré en mi estudio tipo loft todo el tiempo que sea necesario. Haré lo correcto aunque nadie más lo haga... a diferencia de mi abuela, Dios nos ayude....

Oisín: ¡¿Qué ha hecho?!!!

Saga: Dice que sigue siendo un ser libre y que quiere su Fika de la tarde, así que sale a la calle, dice que es su riesgo asumirlo...

Oisín: ¡Aquí la arrestarían por poner en peligro la salud pública!

Saga: Bueno, vives en un país civilizado, Oisín.... pero no es solo mi abuela, todas las abuelas están por ahí y ningún policía mueve un dedo.

Oisín: Deben tener el cerebro lavado. Un ejemplo perfecto de propaganda estatal....

Saga: Sí, aquí estamos dominados por Anders Tegnell, quien dice que los confinamientos causarán más daño que bien....

Oisín: ¡Ese hombre está loco! Oh Dios, lo siento mucho por ti, Saga. Solo sé que cuando las bolsas para cadáveres se amontonen en las calles, tú hiciste todo lo que pudiste...

Saga: Gracias Oisín, intentaré mantener el ánimo y la mascarilla puesta.'

Me he mantenido en contacto con Saga durante toda la pandemia. Le resultó muy difícil, pero me alegra informar que finalmente logró emigrar y ahora se ha unido a mí en la hermosa Termonfeckin. Bueno, nunca la veo, ya que todavía está recluida en su piso, pero dice que es mucho más feliz haciendo eso aquí de lo que lo era en Estocolmo. La pérdida de Suecia es todo lo que puedo decir.

Obviamente, ha sido trágico ver cómo una tierra antes liberal y progresista como Suecia ha caído presa del extremismo de derecha, pero nuestro próximo país en el Salón de la Vergüenza no ha experimentado tal transición. De hecho, este es más el tipo de lugar que uno esperaría que promulgara una respuesta descabellada al Covid, dirigido, como está, por un cierto dictador llamado Sr. Lukashenko, quien ha ostentado el poder allí durante más de 30 años. Sí, de hecho, estoy hablando de...

Bielorrusia (o 'La Tierra Donde Creen que el Vodka Mata el Covid')

Entonces, ¿qué hizo este Sr. Lukashenko cuando el virus amenazó sus fronteras? ¿Cómo se propuso proteger a su gente? ¡Les dijo que bebieran vodka! Esto es lo que dijo: 'Yo no bebo, pero recientemente he estado diciendo que la gente no solo debe lavarse las manos con vodka, sino también envenenar el virus con él. Deben beber el equivalente a 40-50 ml de alcohol rectificado al día. Pero no en el trabajo.'

¡Santo cielo, hablar de reírse de la seriedad de la situación! Con consejos tan descabellados como ese, casi se podría pensar que no consideraba que la respuesta a la pandemia en otros países fuera otra cosa que una locura. Y eso es lo que realmente insinuó cuando también dijo: "A este coronavirus no lo llamo otra cosa que una psicosis social, y nunca lo negaré, porque he pasado por muchas situaciones de psicosis junto a ustedes, y sabemos cuáles fueron los resultados...”

Oh, ¿así que este Sr. ‘Presidente de Vamos a Tomar Algo y Todo Estará Genial’ cree que el resto de nosotros estamos todos ‘psicóticos’, es eso? ¡¿No sabe lo absolutamente GRAVE que es esta situación?! ¡¿Que el mundo NUNCA ha enfrentado una amenaza más peligrosa?! ¡¿Que nuestras vidas deberían cambiar por completo y para siempre?! ¡¿Que el contacto humano es obviamente lo más peligroso para nuestra salud?! ¡¿Negaría que los niños no deberían usar sus mascarillas en la escuela ni crecer con miedo a morir de este virus mortal ni a matar a sus padres con él?! ¡¿Está diciendo honestamente que este tipo de creencias provienen de la psicosis?! Jesús, el hombre necesita ser internado.

Y ya hay suficientes alcohólicos en Bielorrusia sin este tipo de bendición estatal de la bebida.

Pero el Sr. Lukashenko, sin duda del tipo que ama el sonido de su propia voz, tenía aún más que decir sobre el Covid, sobre todo: ‘Es mejor morir de pie que vivir de rodillas’. Ahora, ¿qué clase de mensaje es *ese* para que el líder de un país se lo dé a su gente? ¿Cree honestamente que el riesgo es una parte inherente de la vida que debe aceptarse, carpe diem, y así sucesivamente? Dios mío, sí, el riesgo es parte de la vida, pero solo está ahí para ser MINIMIZADO y ELIMINADO por completo. Y, además, ¿no sabe este hombre que algunos de nosotros tenemos juanetes en los pies y no podemos estar de pie por mucho tiempo de todos modos?

En cualquier caso, durante los últimos dos años, a menudo he recordado las horas de oscuridad anteriores de la humanidad y los ejemplos de cómo actuó la gente frente a la adversidad. Por ejemplo, mi mente se remonta con frecuencia a la Segunda Guerra Mundial y a todos los valientes aliados que lucharon y a menudo dieron sus vidas para que ahora pudiéramos estar seguros, pidiendo comida para llevar por la noche y viendo en exceso nuestros programas favoritos de Netflix. Estos son los valores que nosotros en Occidente apreciamos y que debemos proteger a toda costa. ¿Y qué debemos pensar de la retorcida y distorsionada visión del mundo del Sr. Lukashenko cuando, solo unos meses después de la pandemia, sigue adelante con el desfile del Día de la Victoria del 9 de mayo, conmemorando la derrota de Hitler y con 20.000 soldados y espectadores participando? ¿Cómo justificó este acto atroz? "Simplemente no podíamos hacerlo de otra manera, no teníamos otra opción. E incluso si la hubiéramos tenido, habríamos hecho todo igual. Los ojos de los soldados muertos nos miran, los ojos de los partisanos torturados y los combatientes clandestinos [...] Querían vivir pero murieron por nosotros." ¡Increíble! ¿Y nunca se le ocurrió al Sr. Lukashenko que esos mismos ojos de los soldados muertos probablemente estaban mirando a estas multitudes del Día de la Victoria solo para ver a la gente toser y estornudar, colapsando uno por uno y siendo llevados a la morgue más cercana? ¿Y que esos mismos ojos de los muertos probablemente habrían preferido vivir en una época en la que pudieran pedir nuggets de pollo y patatas fritas en Deliveroo? Honestamente, ¿este hombre no entiende lo que realmente significa el progreso?

¿Y qué hay de las pilas de cadáveres que inevitablemente han resultado de tal 'estrategia'? Aquí es donde las cosas se ponen realmente siniestras y solo demuestran que no se puede confiar en líderes autocráticos. El supuesto número de muertes por Covid en Bielorrusia, a 25 de marzo de 2022, es de 6.759. Eso es en un país de más de 9 millones. En Irlanda, un país con la mitad de esa población, hemos tenido casi el mismo número de muertes, alrededor de 6.693, y eso a pesar de uno de los confinamientos más estrictos de Europa. Así que algo me parece muy sospechoso aquí, noticias falsas, sin duda, o, en el mejor de los casos, los funcionarios responsables de contabilizar las cifras de muertes estaban demasiado borrachos para hacer su trabajo correctamente.

Bueno, hasta aquí Bielorrusia, pero nuestro siguiente país tampoco hizo el trabajo correctamente, no por ninguna malicia particular, me apresuro a añadir, sino francamente por una cierta actitud perezosa y así pasamos a....

México (o '¿Hasta Mañana Señor Covid?')

Ahora, si bien los enfoques gubernamentales en Suecia y Bielorrusia fueron simplemente espantosos, no todos los países que han tenido un mal desempeño durante la pandemia han sido verdaderamente atroces. Algunos han sido bastante malos y México entra en esa categoría. Para explicar lo que quiero decir, pegaré aquí una transcripción de una entrevista que hice con un diputado mexicano, el Sr. Manuel Tamales, aproximadamente a la mitad de la pandemia. Como verá, creo que habla por sí misma.

> 'Yo: Sr. Manuel Tamales, usted es...'
>
> MT: Mi nombre es Manuel Tamarón, en realidad.
>
> Yo: Sr. Tamales, usted se llama a sí mismo político, un representante electo del pueblo, y sin embargo, ¿no sería justo decir que mientras Roma ardía, usted simplemente ha estado jugando con usted mismo?

MT: No estoy seguro de entender su significado, señor.

Yo: Me refiero a que esta enfermedad mortal, este virus mortal, se está extendiendo por sus tierras, ¿y qué ha hecho usted para contenerlo? ¿No hay confinamiento perpetuo? ¿Todavía permite que la gente trabaje? ¿Y turistas sin siquiera una prueba negativa y, además, turistas no vacunados? ¿Y su Presidente acaba de decir que el coronavirus NO es la peste?

MT: Ah, ya veo, Señor. Sí, hemos emitido consejos apropiados a la gente, higiene, distanciamiento social, y también tenemos un sistema de semáforo: en las áreas donde el virus tiene mayor incidencia, tomamos medidas más proporcionadas. No tiene sentido confinar a todo el mundo todo el tiempo, después de todo, la gente necesita ganarse la vida y....

Yo: ¿Ganarse la vida? ¡¿Qué?! ¡¿Quiere decir que no puede simplemente pagarles para que se queden en casa y así mantener a todos SEGUROS?! Eso es lo que hacemos aquí. Lo llamamos el PDP, Pago por Desempleo Pandémico (y lo devoran como cachorros también). ¿Seguramente esto debería considerarse un fracaso masivo por parte de su gobierno?

MT: Señor, no podemos permitirnos pagar a todos en el país para que no hagan nada. Quebraríamos bastante rápido y sería un desastre. Muy pronto, no tendríamos dinero para gestionar nada, incluido el propio servicio de salud. ¿Seguramente ni siquiera un país rico como el suyo seguiría una política tan descabellada?

Yo: Es una parte esencial de toda la estrategia, Sr. Tabasco. ¿No lo ve? ¿O cree que es demasiado picante para manejar, ja ja?

MT: ¿Qué?

Yo: ¡Y su número de muertos es horrible! ¡A día de hoy

(9 de abril de 2021), es de 206.146! ¡Eso significa que tiene la 14ª tasa de mortalidad más alta del mundo!

MT: Sí, señor, pero somos un país de 126 millones y nuestra tasa de mortalidad per cápita no es realmente diferente de la de Francia, el Reino Unido, Polonia o ese país de alto riesgo para el que ustedes mismos introdujeron la cuarentena recientemente, Andorra.

Yo: Todo son malditas mentiras y estadísticas con usted, ¿no es así? Pero lo que quiero saber es si tienen a la policía en las calles, arrestando a la gente si se reúne en algún tipo de grupo. ¿Están, al menos, cumpliendo con su deber?

MT: Señor, esta misma mañana, una familia fue secuestrada en mi ciudad. Ayer, cinco personas inocentes fueron asesinadas por bandas de narcotraficantes por no mantenerse al día con sus pagos de protección. Nuestra policía está ocupada luchando contra estos problemas reales. No debería ser un crimen que la gente se vea. Su policía realmente no debe tener nada mejor que hacer y usted tiene suerte por eso. Estamos haciendo todo lo posible aquí en México. La vida nunca es perfecta. Que tenga un buen día.'

Bueno, bueno, bueno, el Sr. Tortilla quedó en evidencia, ¿no es así? Bueno, se podría decir que al menos estaban haciendo *algo* para combatir el viejo Covid. Pero algo simplemente no es suficiente, ¿verdad? Es todo o nada, y esta es la razón por la que he señalado a México aquí para proporcionar un ejemplo de la típica falta de prioridades que hemos presenciado EN TODO el mundo en desarrollo durante esta pandemia. ¿Por qué diablos esta gente nunca parece comprender lo grave que es el problema del Covid? ¿Es que ni siquiera quieren ser como nosotros?

Por supuesto, algunos de los lugares más decepcionantes en los últimos dos años tienen ese dudoso galardón no por las acciones de sus gobiernos, sino porque la mayoría de la población en cuestión simplemente no quiere hacer lo que se le dice. Son los pueblos de Europa del Este los más culpables en este caso. Mientras sus gobiernos han estado ordenando diligentemente a sus poblaciones que se queden en casa y se vacunen cuatro veces, la mayoría de sus pueblos no han querido saber nada de eso. Aparentemente, aunque por mi vida no puedo entender por qué, toda la situación del Covid les recuerda su pasado comunista. Muy extraño. Quiero decir, bajo el comunismo las protestas estaban prohibidas, los disidentes eran marginados, la policía controlaba los movimientos de la gente, las asociaciones libres estaban prohibidas, la gente perdía sus trabajos por decir lo que pensaba y los medios de comunicación pregonaban la línea del gobierno. Todo lo que puedo decir es que tendrías que estar *muy* engañado para comparar eso con los EE. UU., Francia, Australia o, de hecho, la Irlanda de hoy.

Obviamente, hay bastantes de esos antiguos países comunistas y no necesitamos discutirlos todos. En su lugar, tomemos un ejemplo representativo y centremos nuestra atención en.....

Rumanía (o 'El Sincero y Sentido Consejo de Oisín al Gobierno Rumano')

Cada mañana, la señora y yo nos sentamos con nuestro té a leer *The Oirish Times.* Nos turnamos para leernos cada artículo y, vaya, realmente nos aferramos a cada palabra. Todo el asunto, francamente, se ha convertido en una especie de ritual religioso y nos lleva un buen par de horas. De todos modos, justo ayer por la mañana, ambos estábamos muy preocupados al ver el siguiente artículo en la sección de noticias irlandesas:

> 'La reticencia a la vacuna en Irlanda es mayor entre los europeos del este
>
> Un nuevo estudio sugiere que los niveles más altos de reticencia a la vacuna se encuentran entre las comunidades de Europa del Este y, en particular, las comunidades búlgara y rumana. Debido a una historia de opresión gubernamental, muchos dentro de estos grupos desconfían de la autoridad gubernamental y las teorías de conspiración son comunes. Además, Rumanía y Bulgaria tienen los niveles más bajos de aceptación de la vacuna Covid en la Unión Europea y...'

'Dios mío,' dije. '¿No es Elena de uno de esos países, querida?'

'Pues sí, creo que sí. ¿No es rumana?'

Ambos nos miramos, horrorizados ante la creciente comprensión de que nuestra limpiadora semanal probablemente pensaba que Bill Gates se proponía gobernar el mundo y, lo que es peor, que probablemente no estaba vacunada.

Simultáneamente, ambos dijimos: 'No podemos tener gotitas no vacunadas en la casa.'

'Pero ¿cómo podemos pedirle o convencerla de que se ponga la vacuna si no lo ha hecho?'

'Tendré que encontrar las palabras adecuadas de alguna manera.... ¿cuándo viene la próxima vez? Oh, no, es hoy, ¿verdad? ¡Sí, es hoy y ya casi es la hora!'

'¡Buenos días, Sr. & Sra. MacAmadáins!', llamó Elena desde el pasillo.

Mi esposa huyó por una escalera a la seguridad del ático

mientras yo me posicionaba en lo que sentía que tenía que ser mi posición más estratégica dadas las circunstancias.

'¿Está bien, Sr. MacAmadáin?' La expresión de Elena era algo inquisitiva mientras espiaba mis pies debajo de la mesa de la cocina.

'Oh, sí, bien, bien. Es un buen lugar este. Me he, um, dedicado a hacer mi investigación aquí abajo. Es un lugar sorprendentemente bueno para reflexionar.'

'Ah, sí, Sr. MacAmadáin. ¿Empiezo en la cocina, entonces?'

'Ok, sí, después de todo, necesitamos hablar de algo.'

Si alguna vez tuviera que admitir un defecto, tendría que ser que a veces no encuentro las palabras adecuadas para este tipo de ocasiones. De hecho, lo que sucedió a continuación fue todo un torbellino. Lo que sí recuerdo es que las cosas se pusieron bastante tensas cuando sugerí, perfectamente inocentemente, que la mayoría de los rumanos sufrían claramente algún tipo de enfermedad mental impulsada por la paranoia y también que las últimas palabras de Elena al cerrar la puerta de golpe fueron: '¡¿Crees que esto no es como lo que pasamos bajo Ceaușescu?! ¡Déjame decirte, Ceaușescu se está revolviendo en su maldita tumba por no haber pensado en esto! ¡Qué genio para controlar a todos con la maldita gripe! ¡Sí, me pondré una vacuna y te la meteré por tu maldito culo!' y palabras de ese tipo general. En resumen, no salió muy bien, pero al menos ya no tenemos que preocuparnos por las probables ramificaciones desastrosas de unas manos no vacunadas limpiando nuestro cristal de Waterford.

Una vez terminado el incidente y recogidos todos los platos y tazas rotos y fumigada la sala de estar, me dispuse a escribir a la embajada rumana. Después de todo, pensé para mí, quizás no pueda convencer a personas como Elena en una conversación individual, pero quizás pueda poner mi experiencia al servicio de persuadir al propio gobierno rumano para que maneje mejor toda esta situación. Mi carta decía:

'A quien corresponda,

Le escribo para ofrecerle mi consejo en relación con la baja aceptación de la vacunación contra el Covid en su hermoso país, del cual he sido un ávido fan desde que vi Borat.

Habiendo reflexionado considerablemente sobre el asunto, creo que la mejor estrategia de vacunación que pueden adoptar sería hacer uso de sus mitos folclóricos tradicionales.

¿Qué tal una campaña de vacunación centrada en imágenes de Drácula? Con el texto: '¡Solo un mordisco y eres inmune!' Por supuesto, probablemente tendrían que asegurarse de que algunas de las connotaciones originales dentro de la historia de Drácula, como la idea de que tenía víctimas a las que asesinaba, se minimicen.

Dejaré este asunto a su consideración, pero por favor, hágame saber si puedo ser de alguna ayuda adicional.

Atentamente,

Prof. Oisín MacAmadáin'

Todavía no he recibido respuesta, aunque no dudo que mi carta está siendo considerada por el gabinete rumano en este mismo momento.

Ahora, si bien se puede esperar que algunos lugares del mundo no estén a la altura en sus respuestas al Covid (no es que deba hacer ninguna concesión al respecto, por supuesto), hay algunos lugares donde simplemente nunca se imaginaría que esto fuera posible. Y uno de esos lugares es la Tierra del Progreso, el Pensamiento Científico y todo lo de ese tipo. Pero incluso en los EE. UU., no todo ha ido bien en todas partes en los tiempos del Covid, como iba a aprender a mi costa....

Florida (o 'El Cuento de las Vacaciones de Pesadilla de Oisín')

Desde hace muchos años, la señora y yo nos hemos estado yendo al soleado Orlando cada invierno para escapar de los fríos invernales irlandeses. Esto se suspendió por los estragos de la pandemia, pero, una vez que ambos estuvimos completamente vacunados y se nos permitió regresar a los EE. UU., nos dijimos '¿por qué no?' y así nos fuimos. No hay problema con tener unas vacaciones bajo el sol, siempre y cuando todos a tu alrededor estén triplemente vacunados, enmascarados y se mantengan alejados, ¿verdad?

En el avión, estábamos sentados al otro lado del pasillo de una señora de Florida, Martha. Era bastante amable, charlando amistosamente. Pregunté si podíamos esperar algunas restricciones agradables y estrictas, quizás un toque de queda nocturno, o ver a personas no vacunadas siendo detenidas en la calle, ya sabes, el tipo de cosas que añaden valor a cualquier vacación, y seguro que lo que dijo a continuación nos puso a ambos de un blanco mortal: 'Oh, no tenemos ninguna restricción en Florida. De hecho, no hemos tenido ninguna durante más de 18 meses.'

Me volví hacia mi esposa, con las piernas de repente como gelatina y temblando visiblemente. '¿Cómo sobreviviré, cómo sobreviviré?', murmuré, como en trance. Mientras mi querida esposa intentaba consolarme, una azafata se acercó a preguntar si estaba bien. 'Tiene que dar la vuelta al avión', le dije. La azafata me miró de forma extraña. 'Realmente no podemos hacer eso, señor,' antes de volverse hacia mi esposa, '¿Su marido es un viajero nervioso, señora?' 'No, solo está nervioso por ir a Florida...', respondió mi esposa. 'Bueno, debería haber sabido adónde iba antes de reservar un billete allí', y se fue, sin pensar en las casi convulsiones que estaba teniendo en ese momento.

No soy de beber, pero parecía la única opción para calmarme y así, unos cuantos G&Ts después, empecé a quedarme dormido. Mis sueños eran inquietantes: hombres visiblemente resfriados con gorras MAGA abrazándose en algún tipo de mitin sobre cómo el derecho a portar armas era la mejor defensa contra el Covid. Poco sabía que esta pesadilla era solo una fracción del infierno en la tierra que aún me esperaba.

Mientras aterrizábamos, me volví hacia mi esposa: '¿Cómo no sabíamos esto? Leo *The Oirish Times* todos los días – ¡quiero decir, escribo para ellos, por el amor de Dios! – y ni una sola vez insinuaron que existiera un lugar tan absolutamente loco y desquiciado. ¿Nos quedamos en el avión y tomamos el vuelo de regreso?'

'Mira, cariño,' respondió mi esposa. '¿Por qué no intentamos aprovecharlo al máximo? Seremos lo más cuidadosos posible y estoy segura de que aún podemos tener unas vacaciones geniales.'

A regañadientes, acepté intentarlo y casi me convencí de que todo saldría bien.

Pero al día siguiente, mis nervios no estaban mejor. Por la mañana, encendí la televisión y apareció un tal Ron DeSantis, gobernador de Florida. 'Nadie perderá su trabajo por su decisión personal de no vacunarse', proclamó, '¡Nunca bajo mi mandato y nunca en Florida!'

'¡Oh, Dios mío, cada vez es peor! ¡Cualquiera que nos

sirva podría no estar vacunado! Oh Dios.... ahí vas, pensando que solo estás comprando un buen Frappuccino de col rizada y avena y en su lugar resulta ser un café de la muerte.... ¡oh no, oh no, no puedo con esto! Mira, cariño, ¿por qué no nos quedamos en nuestra habitación de hotel durante la quincena, pedimos servicio de habitaciones...?'

'Ahora, Oisín, sé que puedes hacer esto. Vamos, pongámonos nuestras mascarillas y viseras y bajemos a desayunar.'

Al bajar al buffet, me horroricé al ver una sala repleta de gente deambulando y sin una mascarilla a la vista. 'No estoy seguro de poder hacer esto, querida, realmente no puedo.' 'Puedes, Oisín, puedes. Ven, sentémonos aquí.'

Intentando distraerme de la multitud, cogí el periódico local. Un pequeño titular me llamó la atención: 'Un estudio muestra que el 91% de los demócratas están completamente vacunados, mientras que solo el 60% de los republicanos han recibido al menos una dosis.'

'¡60%, 60%, oh Señor, y estamos en un estado republicano, eso significa que hasta el 40% de las personas en esta sala podrían matarme y probablemente incluso más que eso, ya que una dosis ni siquiera cuenta.... oh Señor, oh Señor.... me siento desesperado....'

Lo siguiente que supe fue que había vuelto en sí en nuestra habitación. Un médico me miraba con una evidente expresión de preocupación.

'Parece ser un caso de ansiedad aguda, señora', dijo. 'Lo que este hombre necesita son unas vacaciones.'

'¡Oh no, no quiero vacaciones! ¡Quiero volver a la querida Irlanda, la tierra de los cuerdos, no puedo soportarlo más aquí!'

'Me temo que no puedo ayudar más, señora.' Y con eso el médico se marchó. Mi esposa me tomó la mano.

'Lo siento, cariño,' dije. 'Reconozco que esto no puede ser unas vacaciones muy buenas para ti.'

'Está bien, Oisín. Tienes razón en tener miedo. Mira, ¿por qué no nos vamos a casa?'

Mis ojos se iluminaron. 'Sí, mi dulce, vámonos a casa. Oh, ya me lo imagino.... sirviendo una taza de té, encendiendo la radio, escuchando los últimos números de casos y muertes, leyendo el periódico sobre las restricciones más recientes.... ¡oh, ya me estoy calmando! ¡Hagámoslo, cariño! Vámonos a casa.'

Y con eso reservamos el siguiente vuelo de Aer Linctus de regreso a Irlanda. Qué momento fue llegar de nuevo a las puertas de nuestra propia casa. Y ni un Mickey Mouse a la vista, aunque hasta el día de hoy, ocho meses después, todavía no puedo ver una película de Disney con él sin tener un ataque de pánico. Mi esposa me insta a ir a terapia para discutir mis miedos hacia él con un profesional capacitado, pero me temo que significará que algo anda muy mal en lo profundo de mi subconsciente. Así que, por ahora, seguiré adelante lo mejor que pueda.

Lo que puedo decir con certeza es que nunca volveré a un lugar tan disparatado como Florida.

En fin, en cierto modo, lamento haber tenido que arrastrarte por todo lo anterior. Hay dos caras en la naturaleza humana y, lamentablemente, hemos sido testigos de su lado más oscuro en abundancia en los últimos años. Pero también hemos sido testigos de nuestro lado bueno en todos los ámbitos que realmente importan y por eso me alegra ahora volver a terrenos más soleados y a uno de los aspectos más conmovedores y hermosos de estos últimos años.... ¡sí, lo has adivinado! ¡Es hora, por fin, de hablar de la vacuna!

6

CAPÍTULO SEIS: ¡TODOS A ARREMANGARSE LA MANGA!

Así que, en esta etapa, estamos avanzando a toda máquina. Ya hemos desmentido algunos de los mitos más perniciosos sobre el Covid y también hemos analizado lo mejor y lo peor de cómo los países han respondido al virus. Pero aún queda mucho por venir, y ahora centramos nuestra atención en uno de los aspectos más asombrosos y conmovedores de esta pandemia: la vacuna. De hecho, si alguien te hubiera dicho, allá por marzo de 2020, que todas las principales compañías farmacéuticas no solo crearían una vacuna que salva vidas, sino que también completarían todos los controles y equilibrios necesarios para garantizar que fuera súper segura (un proceso que normalmente lleva cerca de una década) en menos de 9 meses, ¿les habrías creído alguna vez? ¡Y, sin embargo, eso es exactamente lo que sucedió! Y no solo eso, sino que estas grandes compañías farmacéuticas lograrían esta hazaña utilizando una tecnología que nunca antes había sido aprobada para ninguna vacuna anterior o cualquier medicamento de cualquier tipo... Es decir, la mente se asombra. Estas personas son verdaderamente nuestros caballeros de brillante armadura y yo, por mi parte, les estaré eternamente agradecido.

De hecho, nunca olvidaré el día en que recibí el mensaje de texto de mi médico de cabecera: 'Oisín, hay un hueco disponible para tu vacunación'. Fue el más hermoso de los momentos, el día más feliz de mi vida, y claro que estuve allí en un santiamén y todo sonrisas en el momento en que entró la aguja. Y luego, nunca olvidaré el segundo día más feliz de mi vida cuando recibí el mensaje de texto para mi siguiente dosis. '¡Oh, doctor, qué alegría volver a verlo!', dije, mientras me pinchaba en el brazo una vez más. Y luego, ¡oh, alegría de alegrías!, llegaron el tercer, cuarto, quinto, sexto, séptimo día más feliz de mi vida, y cada día lleno de más que su justa medida de euforia. Y hoy, mientras escribo estas palabras, acabo de regresar de mi octava dosis y me han asegurado que, por fin, ya no corro riesgo de morir de Covid. Bueno, lo más probable de todos modos, pero me pondré tantas como sea necesario. ¡Oh, las maravillas de la medicina moderna es todo lo que puedo decir!

De hecho, yo, por mi parte, no tengo ningún problema en ponerme la vacuna cada pocos meses durante el resto de mi vida. Ciertamente no soy de los que se adhieren al típico tópico antivacunas: 'oh, si las vacunas funcionan, ¿por qué necesitarías más y más refuerzos? Seguramente esto demuestra que son ineficaces'. ¡Qué descaro el de esta gente! ¿No se dan cuenta de que están hablando de una tecnología nueva extremadamente avanzada y de que todos deberíamos aprender una buena dosis de humildad y paciencia ante ella? ¿Y qué si necesitas un cuarto, quinto o décimo refuerzo? Al fin y al cabo, es solo un pequeño pinchazo en el brazo.

Creo que Jacinda Ardern, la maravillosa Primera Ministra de Nueva Zelanda y valiente defensora del enfoque 'sin tonterías, alguien estornuda en los suburbios y todo Auckland se confina', enmarcó muy bien este tema cuando dijo:

> 'Tu primera dosis es como ir al jardín de infancia... tu segunda dosis es como ir a la escuela primaria... y tu tercera dosis es como ir a la escuela secundaria.'[1]

¡Así es, Jacinda! Nuestro sistema inmunológico necesita toda la ayuda posible contra el Covid y son analogías tan hermosas como estas del 'ciclo de vida natural' las que realmente transmiten el mensaje clave de que todos debemos seguir este tratamiento médico hasta el final.

De hecho, me gustaría tomar las hermosas palabras de Jacinda y extenderlas aún más: 'Tu cuarta dosis es como ir a la universidad, la quinta es como cuando consigues tu primer trabajo de verdad, la sexta es como el día de tu boda, la séptima es como cuando obtienes un ascenso importante, la octava es como cuando te jubilas, la novena es como cuando ingresas en tu residencia de ancianos y la décima es como justo antes de tu funeral.'

Verdaderamente, esta es la forma de pensarlo. Haz lo que tengas que hacer y cumple con tu deber ciudadano.

¡Oh, pero no es una vacuna!

Mucho peor, por supuesto, que la sugerencia de que no deberíamos ponernos todos nuestras dosis de Covid al menos cuatro veces al año a partir de ahora, es la idea descabellada de que las vacunas contra el Covid ¡ni siquiera son vacunas! De hecho, esta es una de las cosas más extravagantes que dicen los antivacunas. Sinceramente, el nivel intelectual de esta gente. Los científicos las llaman vacunas, los gobiernos las llaman vacunas, dice 'vacuna' en la etiqueta, y aun así esta gente no está satisfecha... puedes llevar un caballo a una intervención médica diseñada para inducir inmunidad, pero no puedes obligarlo a inocularse a sí mismo, o como sea que diga el refrán.

'¡Oh, el mecanismo de acción no tiene nada en común con las vacunas tradicionales!', corean los chiflados. '¡Hacer que tu genética produzca Covid, eso no es una vacuna!' Mira, en lo que a mí respecta, una vacuna es cualquier intervención médica en la que se inyecta a alguien con el objetivo de hacerlo inmune a un patógeno específico: no importa cómo llegues allí, siempre y cuando lo hagas.

¡Y, vaya, cómo logran ese objetivo estas vacunas! En todo caso, las principales vacunas contra el Covid utilizadas hasta la fecha ilustran lo absolutamente geniales que son los científicos que desarrollaron la tecnología detrás de ellas.[2] Es decir, inyectar a alguien con una instrucción a su sistema genético de ARN para crear la proteína de espiga del Covid para que su cuerpo pueda desarrollar una respuesta inmune, eso es simplemente impresionante, ¿no es así? De hecho, si la historia de las vacunas contra el Covid se representara como una película, la llamaría *El Asombroso Señor Spike* (ya sabes, un poco como *El Talento de Mr. Ripley* o *Fantástico Sr. Zorro*). Cuando lo piensas, la idea de tener un poco de virus inactivado en una vacuna es tan anticuada, ¿no es así?

Y en cuanto a todos esos antivacunas que hablan de ese estudio de Stanford [3]que demostró tanto que la proteína de espiga seguía circulando por el cuerpo hasta dos meses después de la vacunación (incluso en los ganglios linfáticos) como que lo mismo no ocurre después de la infección por Covid... sinceramente, actúan como si fuera malo tener la proteína de espiga circulando por el cuerpo. ¿No se dan cuenta de que cuanto más áreas de tu cuerpo acabe en ellas, mejor? ¿Que si está circulando por tu sistema linfático o tu cerebro o tus riñones, esas partes están desarrollando su propia inmunidad brillante contra el Covid? De esta manera, todo tu cuerpo queda protegido de adentro hacia afuera y esa es solo una de las razones por las que estas vacunas son puramente asombrosas, en mi opinión.

Además, toda esta tontería de 'no es una vacuna' francamente me suena un poco discriminatoria. Si la vacuna se autoidentifica como vacuna, entonces ¿quiénes somos nosotros para decir lo contrario?

Vacunación Masiva en Medio de una Pandemia: Probablemente la Mejor Idea del Mundo

En cualquier caso, habiendo ya establecido lo maravillosas que son estas vacunas, debería ser obvio para cualquiera con medio cerebro que todo el mundo necesita ponérselas. Después de todo, nadie está a salvo hasta que todos estén a salvo. Y, sin embargo, los necios de la sala te dirían que nunca se debe vacunar masivamente en una pandemia. ¡Lo sé! Claro, si alguna vez se necesitó una vacuna para un patógeno mortal, ¿entonces ese momento no sería ahora?¿ Cómo es que estos antivacunas piensan honestamente que sus pretensiones intelectuales *snobs* nos engañarían ni por un momento?

De hecho, esta idea tan perniciosa ha sido difundida en particular por un 'vacunólogo' llamado Geert Van Der Bossche. ¿Y qué tiene que decir este Van Der Lavavajillas? Nada menos que la vacunación masiva mientras una pandemia está en pleno apogeo solo hará que el Covid se vuelva más inteligente al detectar anticuerpos inducidos por la vacuna generalizados y luego se reajustará para crear variantes nuevas y más infecciosas. En otras palabras, el programa de vacunas es simplemente un catalizador para impulsar muchas nuevas iteraciones de Covid que, en última instancia, las vacunas actuales no serán de mucha utilidad. ¡Sinceramente, ¿puedes creer a este hombre?! Si bien estoy 100% de acuerdo en que el Covid es extremadamente inteligente (a diferencia de este oportunista total), hay un defecto obvio en su argumento. Si las vacunaciones masivas alimentan nuevas variantes, ¡entonces todo lo que necesitas hacer es crear nuevas vacunas! Ahí, problema resuelto. ¡Tu ciclo de lavado actual ha terminado por completo, Geert!

De todos modos, personas como Geert claramente solo tienen problemas del primer mundo en mente y puedes estar seguro de que nunca se preocupan por nuestros semejantes menos afortunados. Es decir, ¿qué pasa con el mundo en desarrollo? ¿Deberíamos negar a la gente de allí el acceso a las vacunas solo porque personas como Geert no creen que nadie deba ser pinchado en absoluto? ¡Claro que no! De hecho, déjame contarte una pequeña historia, una que espero que te anime y te inspire sobre lo que realmente puedes lograr si te lo propones....

Llevar las Vacunas a Quienes Más las Necesitan

Por muy desmedido que haya sido el éxito del despliegue de vacunas en mi propio país y en tantos otros países desarrollados, lamentablemente no ha sido así en todas partes del mundo. Para alguien como yo, que tanto desea que los beneficios de la ciencia se difundan lo más ampliamente posible, esto ha sido la fuente de la mayor tristeza. '¿Por qué lloras, Oisín?' me pregunta a menudo mi esposa cuando me despierto en mitad de la noche, sollozando para mí mismo. '¡Es porque hay tantos lugares en el mundo que aún no tienen las vacunas, querida!', le responderé. 'Ya sabes, lugares en el mundo en desarrollo como Ruanda o El Salvador.' Entonces ella me abraza y lloramos hasta volver a dormirnos.

Pero en una de esas ocasiones, mi esposa tuvo una especie de momento de eureka.

> 'Oisín, ¿recuerdas ese lugar que vimos en la televisión la otra noche, la pequeña república montañosa de Europa de la que ninguno de los dos habíamos oído hablar... cómo se llamaba?'
>
> 'Mmm, mmm, oh, sí, la R.S.F.B., la Antigua República Sildava de Bogrenia, ¿verdad? ¡Es asombroso los lugares que existen de los que nunca has oído hablar, ¿no es así?'
>
> '¡Absolutamente, cariño! Bueno, los estoy buscando en Google ahora mismo, y aquí dice que su tasa actual de vacunación contra el Covid es solo del 0.3%. ¿Por qué no los ayudas? Ya sabes, ¿iniciar una organización benéfica, 'Pinchazos para Bogrenia' o algo así? ¿Y luego puedes irte allí y empezar a vacunar a toda la nación? Aquí dice que la población es de solo 23.000. Pensar que, si pudieras proteger a todos allí, qué diferencia haría. No todo el mundo puede decir que ha salvado una nación entera, sabes...'
>
> 'No, no podría, querida, claro, ¿qué cualificaciones tendría yo para hacer algo así...?'
>
> '¡Pero eres un experto, Oisín!'
>
> '¡Oh, ¡así es! Bueno, supongo... sí, ¡quizás podría! ¡No... lo haré, lo haré!'

Y así, seis meses después de esta fatídica conversación,

querido lector, me encontré en un avión rumbo a Brámstokeravia, la capital de la R.S.F.B. Fue, debo admitirlo, un vuelo un tanto incómodo ya que yo era el único pasajero (había tenido que reservar todos los asientos para llevar 150 bolsas de vacunas que salvan vidas en la bodega) y los auxiliares de vuelo me miraban como si fuera el hombre más extraño del mundo. Pero yo seguía sonriéndoles y asegurándoles que tenía planes para salvar a toda su nación. Bueno, no estoy seguro de que vieran mi sonrisa a través de mis tres mascarillas, pero hice todo lo posible por transmitir mis buenas intenciones.

Habiendo contratado unos 40 taxis en el aeropuerto, llegué al hotel para encontrar que solo unos 10 de ellos me habían seguido y el resto se había marchado con las vacunas. 'Oh, bueno, no importa', pensé para mí, 'estoy seguro de que aún les darán las vacunas a sus amigos y familiares para que se las pongan.... ¿qué importa si las administro yo o ellos? Y todavía tengo muchísimas, suficientes para mi clínica, seguro.' Luego me fui a dormir una noche muy necesaria.

A la mañana siguiente, sudando y jadeando después de abrirme paso entre todo el equipaje de mi habitación, bajé buscando mi desayuno vegano habitual de semillas de chía sobre una cama de col rizada. Al encontrar que no estaba disponible, me serví una taza de café y cogí el periódico local. Siempre es bueno aprender un poco sobre lo que sucede en los países que visitas... sin embargo, debo admitir que el titular me sorprendió un poco:

"EL BARÓN DE LA DROGA VLADIMIR EL LACERADOR DA UN GOLPE DE ESTADO EXITOSO Y AHORA RECLAMA EL DOMINIO DE LA CIUDAD TRAS EL USO DE UNA NUEVA Y PODEROSA ARMA

> Brámstokeravia se encuentra ahora bajo la dominación casi total de los miembros del barón de la droga local, Vladimir el Lacerador, tras su exitoso golpe de estado de ayer por la tarde. El repentino cambio en la fortuna política del país parece deberse al uso devastador de una nueva arma que dejó tanto al gobierno como a sus líderes militares temblando de miedo y sin otra opción que entregar el poder.
>
> Ayer por la tarde, cientos de miembros de la banda de Vladimir el Lacerador irrumpieron en el parlamento llevando lo que parecían ser jeringas. Los políticos y soldados simplemente se rieron de ellos hasta que un desprevenido asistente político fue inyectado por uno de los seguidores de Vladimir el Lacerador y cayó muerto al instante. Acto seguido, por miedo e intimidación, el Primer Ministro dimitió y entregó todo el poder a Vladimir el Lacerador
>
> IMAGEN DEL PRESIDENTE FIRMANDO LA ENTREGA DEL PODER CON VLADIMIR EL LACERADOR A SU LADO SOSTENIENDO UNA JERINGA EN SU CUELLO...."

En este punto, miré por la ventana para ver a los soldados patrullando las calles 'armados' con las mismas vacunas que yo había traído al país el día anterior. Dos de esos soldados solo tuvieron que apuntarlas en dirección a unos jóvenes que holgazaneaban en una esquina para que estos salieran corriendo a casa, llorando por sus mamás.

Debo admitir que, en este punto, me sentía un poco avergonzado. Pero intenté mantenerme optimista. Después de todo, la muerte del asistente fue casi con certeza una desafortunada coincidencia y nada que ver con las vacunas (que son seguras y efectivas) y si el nuevo gobierno usaba las vacunas como su principal herramienta de ley y orden, bueno, seguramente esto terminaría trayendo mucho beneficio al país. Así que, mientras terminaba mi café de la mañana, en realidad reflexioné que, en general, mi viaje hasta ahora había traído mucho más bien que mal a esta hermosa nación.

Enormemente animado por este hecho, me puse en camino para encontrar el edificio que había adquirido antes de mi llegada y que esperaba usar como mi clínica de vacunación. Estaba en las afueras de la ciudad, una ubicación excelente, rodeada de álamos y abetos, y mucho aire fresco. Al ser una ubicación algo más rural, también estaba rodeada de cabras, que masticaban felizmente cualquier cosa. De hecho, había leído en mi guía que las cabras superaban en número a las personas en esta maravillosa tierra en al menos cinco a uno.

'Esto funcionará muy bien', pensé para mí, 'seguro que bien podría empezar'. Así que, tomando una bolsa de vacunas, monté una mesa y puse un pequeño cartel: 'Vacunas gratuitas para todos'. Luego, me senté y esperé.

Durante un rato no pasó gran cosa. Pero entonces un hombre de mediana edad, con una cabra atada con una correa, se me acercó.

'¿Está aquí para vacunar a mi cabra?', preguntó.

'Mmm, no, estas vacunas son solo para humanos...'

'Pero mi cabra está enferma y usted dice 'vacunas para todos'.... por favor, vacune a mi cabra ahora y póngala bien.'

Aunque técnicamente no probadas en cabras, sentí que los beneficios probablemente superarían los riesgos para esta cabra en particular e incluso podrían ayudarla si alguna cepa de Covid bastante caprichosa (¿entiendes, entiendes?) y que infectara a cabras surgiera en el futuro. Y al menos pondría en marcha mis propios esfuerzos para vacunar a la nación.

A los pocos segundos de su vacunación, la cabra empezó a echar espuma por la boca y se desplomó de espaldas, agitando las patas en el aire y haciendo los ruidos más aterradores.

El hombre me miró con desaprobación. 'Su medicina no está mejorando a mi cabra', dijo con bastante, incluso yo tendría que admitir, astucia.

'Bueno, la A.U.E. no se extiende a las cabras....', murmuré, antes de añadir 'pero mira, estoy seguro de que estará mejor en un momento. Mira, ya ha dejado de balar...'

'Eso es porque está muerta.'

'Ah, así es.'

'Ha matado a mi cabra favorita.'

'Lo siento muchísimo, ¿hay algo que pueda hacer para compensar...?'

'¡Ha matado a mi cabra favorita! ¡Todos, vengan aquí, este hombre ha matado a mi cabra favorita!'

De repente me encontré rodeado por una banda de unos 20 hombres de aspecto bastante fuerte que parecían demasiado decididos a vengar el desafortunado destino de la cabra, un destino que sin duda temían que yo pretendiera infligir a sus propias cabras y que yo, francamente, temía que estuvieran a punto de infligirme a mí....

Justo cuando uno de ellos estaba a punto de golpearme con lo que parecía ser una cimitarra (aunque no puedo estar absolutamente seguro de este punto, para ser honesto, mis ojos estaban decididamente cerrados en ese momento), una voz gritó desde más allá de la multitud.

'¡Alto ahí! Deseo hablar con este hombre.'

'Sí, jefe.'

La multitud se abrió y me encontré cara a cara con un

hombre vestido completamente de cuero negro, con correas de munición y con un guardaespaldas armado con un AK-47 a cada lado.

'Mi nombre es Drakulblüd, y soy el jefe de la banda Drakul. ¿De dónde sacó estas jeringas y son las mismas que está usando mi enemigo jurado, Vladimir el Lacerador, un hombre que ahora ha tomado tan descaradamente el control de nuestro país?'

Al ver una salida a mi situación menos que ideal, afirmé que sí, que ese era el caso y, Dios mío, si los quería todos, podía tenerlos, y cualquier otra cosa que se me ocurriera — ya sabes, el tipo de cosas que dices en tales situaciones.

'Te perdonaré la vida a cambio de estas jeringas. Llévame a ellas.'

Más tarde ese día, una vez entregadas las vacunas, decidí que era hora de despedirme de la Antigua República Sildava de Bogrenia. Durante el trayecto en taxi al aeropuerto, vi bandas enteras en las calles, inyectándose unas a otras con jeringas y, a lo lejos, nubes de humo que salían de los edificios gubernamentales. En el aeropuerto, reflexionando sobre mi viaje, concluí que, si bien las cosas no habían salido exactamente como había planeado, el resultado neto era que miles y miles de personas de la R.S.F.B. terminarían ahora vacunadas contra el Covid y que esto, en todo caso, era una situación en la que el fin seguramente justificaba los medios.

Así que me di una palmada en la espalda por el trabajo bien hecho y esperaba con ansias volver con mi esposa a la querida Termonfeckin y contarle todo.

Vacunando a Nuestros Amigos Peludos

Solo puedo esperar que las historias de mi exitoso viaje a la Antigua República Sildava de Bogrenia inspiren a gobiernos y grupos de ONG de todo el mundo a enviar vacunas a los países donde más se necesitan. Después de todo, nadie está a salvo hasta que todos estén a salvo. De hecho, mientras reflexionaba sobre las verdades innegables inherentes a este hecho el otro día, de repente me di cuenta, para mi horror, de que no hemos estado extendiendo la red lo suficientemente amplio. Porque, y odio decir esto, ¿nuestro enfoque en el despliegue de la vacuna no ha sido un poco... especista? Es decir, ¿no es cierto que algunos animales también están contrayendo el Covid? ¿Por qué no hemos desarrollado una vacuna para *ellos*? Y no solo por su bien, sino también por el nuestro, ya que ¿no existe una alta probabilidad de que la transmisión entre animales pueda conducir a variantes nuevas verdaderamente monstruosas, para las cuales necesitaremos nuevas vacunas, y así sucesivamente? Por lo tanto, con bastante asombro me di cuenta de la verdad *real* de la situación: nadie está a salvo hasta que cada humano, gato, perro, murciélago, oso hormiguero, hámster, canguro, pangolín y, de hecho, cada uno de nuestros amigos peludos, esté doblemente vacunado y con un programa de refuerzo establecido para el resto de *sus* vidas.

Ahora, los críticos podrían decir que esta es una tarea poco realista y verdaderamente gigantesca (bueno, ¡ellos al menos no tienen que ser vacunados!). Pero si bien, sí, esto se trata de la seguridad de *todos* nosotros (por las razones que acabo de mencionar), también se trata del bienestar de nuestras mascotas que, hasta ahora, no han tenido voz, ni siquiera un chirrido, durante esta pandemia. Durante todo este tiempo, nuestros gatos y hámsteres han estado sufriendo los peores resfriados y catarros de sus pequeñas vidas, y no ha habido nadie que hable por ellos. Y, lo que es peor, algunas de nuestras mascotas sin duda han terminado con 'Covid Persistente'. Mi gato, Fauci, por ejemplo, pasa todo su tiempo tumbado sin hacer nada en absoluto. Solo puedo imaginar que esto se debe a que está sufriendo los terribles efectos de esta devastadora enfermedad post-viral. De manera similar, también me preocupan profundamente los ataques de estornudos que veo en Klaus, mi periquito, y temo la clara posibilidad de una forma mutada de Covid entre nuestros amigos emplumados. Esto probablemente se llamaría la 'Enfermedad de la Peste de la Muerte por Covid Transmitida por Aves' (EPMCTA), o algo así. Lo oíste aquí primero, de todos modos. Así que, en resumen, si nos preocupamos por reducir el sufrimiento dondequiera que se encuentre, entonces simplemente no tenemos más remedio que empezar a diseñar vacunas apropiadas para todas y cada una de las especies del planeta.

No puedo enfatizar lo suficiente, sin embargo, que también nos conviene encarecidamente tomar este curso de acción. Aludí anteriormente a la posibilidad de que surgieran nuevas variantes 'monstruosas' como resultado de la transmisión animal y no uso esa palabra a la ligera. De hecho, podríamos terminar enfrentando 'otro tipo de bestia', por así decirlo. Personalmente, no creo que sea en absoluto descabellado imaginar un escenario en el que una cepa más virulenta incluso podría llevar a nuestras mascotas a levantarse y salir a las calles, mordisqueando con sus dientes infectados de Covid los tobillos desprevenidos de los humanos que pasan. Bueno, no deberíamos descartarlo de todos modos: nadie quiere una rebelión de hámsteres con mocos y tos.

Y, si este tipo de cosas llegaran a suceder, no tendríamos

absolutamente otra opción que instigar sacrificios masivos de todas las mascotas y animales no vacunados. No me cabe duda de que fue esta amenaza la que el gobierno danés tuvo en cuenta cuando un puñado de visones contrajeron el Covid allí. Porque los daneses actuaron con decisión, matando no solo a los visones infectados con Covid, sino también a todos y cada uno de los visones del país, alrededor de 17 millones en total. ¿Quién sabe qué habrían hecho esos visones si se les hubiera dado la más mínima oportunidad?

Así que, mi mensaje es claro: si no nos ponemos a vacunar a todos los animales en todas partes ahora para salvar sus vidas (y las nuestras), puede llegar un momento, no muy lejano, en que tendremos que matar a casi todas las criaturas no humanas de esta tierra. Así que, francamente, es mejor que nos pongamos manos a la obra con un nuevo programa de vacunación animal pronto.

Y una vez que las vacunas para gatos y periquitos estén disponibles, puedes estar seguro de que Fauci y Klaus serán los primeros en la fila.

Bueno, ha sido un placer reflexionar sobre la llegada de estas vacunas milagrosas en este capítulo. Curiosamente, por supuesto, no todo el mundo comparte la misma opinión que tú o yo, querido lector. De hecho, hay un cierto grupo entre nosotros que no solo no ve el beneficio de estas vacunas para los animales, el mundo en desarrollo o incluso para ellos mismos... sí, por fin, ¡estoy hablando de los antivacunas! Los principales villanos han entrado finalmente en nuestra historia. Y así, ¡mostrémosles quién manda de una vez por todas, ¿eh?

7

CAPÍTULO SIETE: ¡ENTRAN LOS ANTIVACUNAS!

Hasta este punto, hemos desmentido muchos de los mitos difundidos por los chiflados negacionistas del Covid que están entre nosotros, pero ahora, por fin, llegamos a los mitos más despreciables de todos, los que giran en torno a la vacuna. Porque las personas que difunden desinformación sobre la vacuna no son peores que asesinos, en mi opinión.

Y es por eso que tanto este capítulo como el siguiente son, sin duda, los más importantes de este libro. Léalos con mucho cuidado para que esté armado para contrarrestar las mentiras antivacunas de una vez por todas.

Pero, ¿por dónde empezamos? Sugiero que primero centremos nuestra atención en un par de los 'cabecillas' antivacunas, por así decirlo, las personas a quienes los teóricos de la conspiración buscan guía e inspiración. Exponga a los de arriba y todo el edificio se desmorona.... y hay dos en particular cuyas declaraciones abundan en los rincones más disparatados de internet, hombres llamados Robert Malone y Peter McCullough.

Entonces, para empezar, pongamos a estos personajes turbios en su lugar, ¿de acuerdo?

Robert Malone: El mayor antivacunas de todos

Le costaría mucho encontrar a alguien que encaje más en la narrativa antivacunas que el Dr. Robert Malone. ¿Y por qué? Porque, al parecer, aunque el Dr. Malone 'afirma' haber inventado la tecnología para las vacunas de ARNm, sin embargo, pone en duda su seguridad y es un crítico prominente del lanzamiento de la vacuna. Si el inventor de la tecnología de la vacuna tiene preocupaciones de seguridad sobre las vacunas, ¿no deberíamos todos escucharlo?, bla, bla, bla, un tipo de argumento que, honestamente, no podría inventar ni aunque lo intentara.

En fin, ¡qué tontería! De hecho, hay cuatro razones principales por las que no confiaría en una sola palabra que salga de la boca de Malone.

En primer lugar, basta con mirarlo para darse cuenta inmediatamente de que tiene una gran barba. Ahora bien, este es un rasgo compartido por muchos antivacunas: viven en caravanas en el quinto pino, deambulan en ropa interior rascándose y, en general, se vuelven muy laxos en cuestiones de higiene personal. Las barbas son una consecuencia natural de esto y, como tales, son una señal *muy* mala.

En segundo lugar, 'afirma' haber inventado la tecnología para las vacunas de ARNm, ¿verdad? ¿Dice que posee las patentes de esta tecnología? Bueno, lo dudo mucho. ¿Por qué diablos alguien que ha inventado una tecnología que ahora se usa para SALVAR AL MUNDO ENTERO no querría llevarse TODO el crédito que se le debe? ¿Por qué una persona así se arriesgaría a ser ridiculizada, calumniada, ostracizada por los medios de comunicación masivos puramente por una cuestión de supuesto 'principio'? Toda la noción me parece completamente extravagante... no lo creo y usted tampoco debería hacerlo.

En tercer lugar, el hombre posee una granja y, al parecer, tiene caballos en ella. Esto me hace sospechar inmediatamente que probablemente ha pedido montones de la pastilla desparasitante para caballos, Ivermectina, y sin duda toma un poco con su café de la mañana como parte de algún protocolo charlatán de prevención del Covid. Me imagino la escena ahora.... en su caravana, su esposa, cuyo nombre es probablemente Betsy o Bugsy o algo así, le llama: 'Bobby, cariño, ¿quieres una o dos cucharadas de desparasitante para caballos en tu café?' 'Dos, mi querida, y no olvides añadir una pizca de lejía.'

En cuarto lugar, fue eliminado de Twitter por publicar información engañosa. Si alguna vez necesitó pruebas de que el hombre está diciendo tonterías anticientíficas, entonces no necesita buscar más allá de este hecho. Twitter mantiene los más altos estándares de discurso científico en su plataforma. Es decir, recuerde mi punto anterior de que estoy bastante seguro de que sus verificadores de hechos probablemente deben tener, como mínimo, doctorados en virología... estos tipos son tan inteligentes que pueden detectar el error científico más minúsculo que no nos haría ni pestañear al resto de nosotros, como dice el viejo dicho. Por lo tanto, si Twitter considera que el hombre que supuestamente 'inventó' la tecnología de ARNm está expresando preocupaciones equivocadas y dañinas sobre el uso de esa tecnología, entonces no tengo absolutamente ninguna razón para dudar de ellos.

¿Cómo es posible que alguien pueda tomarse a este hombre en serio? Realmente es incomprensible. Esta pandemia ha sido, de hecho, una pandemia de desinformación tanto como cualquier otra cosa, ¿no es así?

Este fenómeno también es muy evidente al pasar ahora a Peter McCullough, otro de los antivacunas más prominentes que existen.

Cabecilla Antivacunas Nº 2: Peter McCullough

Entonces, ¿quién es este hombre, exactamente? Bueno, si le creyera, es un cardiólogo líder de EE. UU., con nada menos que los artículos más publicados en su campo, y alguien que testificó ante el senado de EE. UU. sobre el tratamiento ambulatorio temprano para el Covid en noviembre de 2020. Honestamente, ¿no es este el tipo de cosas insidiosas que hemos llegado a esperar de los antivacunas? ¿Puede ver con qué astucia pueden disfrazarse para parecer expertos? ¿Por qué estas personas no se dan cuenta de que los expertos solo existen de nuestro lado de la valla?

Para ser franco, ya había tenido suficiente de este charlatán solo con leer su biografía, pero, en interés de mantener al público en general informado sobre la desinformación del Covid, me obligué a investigarlo un poco más. Y lo que encontré es que, por supuesto, apareció nada menos que en el programa de Joe Rogan, posiblemente el podcast más influyente del mundo y uno que ha presentado su buena parte de negacionistas del Covid. Al obligarme a escuchar la entrevista de Rogan a McCullough, lo que encontré fue un cliente muy escurridizo. Por ejemplo, McCullough tuvo la audacia de afirmar que estaba principalmente interesado en *salvar* vidas del Covid-19 (¡lo sé, no podría inventarlo!) usando lo que él llamó 'protocolos de tratamiento temprano'... tratamiento temprano, ¡qué risa!, todos sabemos que la única forma científica de lidiar con el Covid es quedarse en casa durante dos años esperando la vacuna, tomar siete de ellas y luego quedarse en casa un poco más. Y sin embargo, ahí estaba él sugiriendo descaradamente que cientos de miles de vidas podrían haberse salvado si se hubiera adoptado un enfoque diferente... Dios, qué asco, pensé, que un antivacunas afirmara preocuparse por salvar vidas del Covid. Simplemente no pude soportarlo más y dejé de escuchar en ese mismo momento.

Para evitarle tener que soportar el mismo destino, aquí tiene una transcripción de cómo imagino que continuó el resto de su conversación con Joe Rogan, una vez que McCullough se quitó su máscara de santo:

'Joe: Entonces, dime, ¿Bill Gates quiere atrapar a tu hámster?

McCullough: Absolutamente. Y no solo quiere atrapar a mi hámster, sino también el tuyo y el de todos los demás. De hecho, he tenido que poner a Hubert y su jaula en un lugar no identificado para que Bill no pueda encontrarlo.

Joe: Eso me parece una precaución sensata. Podría hacer lo mismo con Harald. Entonces, ¿realmente, este es un esfuerzo mundial de un grupo de élites que tienen una agenda de despoblación dirigida a los hámsteres?

McCullough: Sí, eso es precisamente lo que está pasando. Está bien documentado. Las élites han identificado desde hace mucho tiempo que un programa de despoblación de hámsteres es un ejercicio potencialmente lucrativo y de eso se trata todo esto. El programa de vacunación para humanos es solo una secuela de la verdadera agenda, que es deshacerse de todos los hámsteres.

Joe: Eso tiene todo el sentido. Pero, ¿por qué no ir directamente a vacunar a los hámsteres, por qué un programa para humanos primero?

McCullough: Un programa mundial de vacunación de hámsteres no tendría mucho sentido para la gente por sí solo y de repente. Parecería, digamos, un poco extraño y la gente podría no aceptarlo. Mucho mejor acostumbrar a todos a la idea de que existe un virus mortal y que necesitamos vacunar a todos los humanos. Luego, si el virus se 'propaga' a los hámsteres y se convierten en una 'amenaza'....

Joe: Entonces, ¿el programa de vacunación de hámsteres se convierte en una necesidad obvia?

McCullough: Exacto.'

Ahora *eso*, amigos, es el tipo de tontería ridícula que los antivacunas realmente creen y no dejen que ellos ni nadie más los convenza de lo contrario. Protocolos de tratamiento temprano... ¡Dios mío, qué basura absoluta!

Pero mientras estamos en este tema, siento que me corresponde comentar sobre la gran debacle de Joe Rogan en Spotify en general.... claro, Joe realmente no sabía lo que le esperaba cuando decidió entrevistar a algunos de los principales teóricos de la conspiración con sombrero de papel de aluminio, ¿verdad? No solo varios artistas de fama mundial retiraron toda su música de la plataforma como resultado de estos podcasts, sino que el Príncipe Harry y Meghan también defendieron, como es su costumbre, todo lo que es bello y verdadero y expresaron sus más sinceras preocupaciones. Es asombroso lo estúpidos que son estos teóricos de la conspiración cuando, incluso con todos sus supuestos títulos médicos y años de investigación, su nivel de conocimiento es tal que aún pueden ser fácilmente superados por personas como Neil Young o Meghan Markle y otros que no tienen NINGUNA formación en virología o desarrollo de vacunas. Ahora, ¿qué le dice eso sobre lo tontos que son realmente estos líderes teóricos de la conspiración?

En cualquier caso, ahora hemos expuesto a dos de los principales antivacunas, lo cual es suficiente para darle una idea del tipo de personajes por los que la gente será engañada.

Pero, ¿qué hay del impacto negativo que se deriva de la desinformación que difunden personas como McCullough y Malone? De hecho, estaría muy bien si los antivacunas solo hablaran entre ellos, manteniéndose en su propia burbuja paranoica, pero su peligrosa desinformación tiene consecuencias en el mundo real, ya que lleva a personas comunes y decentes a sufrir una terrible y nueva enfermedad, una enfermedad que ahora describiré en detalle....

Enfermedad de la Vacilación Vacunal

Ahora, un viejo amigo mío, que resulta ser médico, vino el otro día a tomar una taza de té con la distancia social adecuada (ambos estamos completamente vacunados muchas veces, pero nunca se puede ser demasiado cuidadoso). Él se quedó en el jardín, yo abrí la ventana de la cocina, y ambos nos gritamos a través de nuestras mascarillas. Fue un poco difícil entender todo lo que dijo con el vendaval invernal que soplaba, pero en realidad logré comprenderlo bastante bien. Básicamente, me informó que cada vez diagnostica a más y más de sus pacientes como afectados por una terrible nueva enfermedad llamada 'Vacilación Vacunal'.

'¡Algunos de ellos incluso están en las etapas terminales de la enfermedad!', gritó.

'¡Ah, ¿en serio? ¡Dame un ejemplo!', exclamé.

"Bueno, una paciente de mucho tiempo, una anciana

llamada Margaret, vino a verme hace unas semanas. 'Doctor', dijo, 'estoy muy indecisa sobre ponerme la vacuna.' (Y así, en ese mismo momento, tuve mi diagnóstico claro.) '¿Y por qué eso, Margaret?' 'Bueno, tengo un vecino que se puso la vacuna y luego, cuando me visitó al día siguiente, sufrió un derrame cerebral. Su habla era muy arrastrada, pero creo que sus últimas palabras fueron "Hagas lo que hagas, no te pongas la vacuna."' 'Ah, ya veo, Margaret, ese tipo de persona es lo que llamamos un "Antivacunas"'. 'Oh, ya veo, doctor. No lo sabía. ¿Quiere decir que pueden parecer personas normales, personas que siempre pensó que eran simplemente normales y buenas?' 'Absolutamente, Margaret. Puede ser bastante impactante cuando descubres cómo son realmente algunas personas.'"

Detuve a mi amigo en este punto. '¿Ella no pensó realmente que la muerte de su vecino tuviera algo que ver con la vacuna, verdad?' 'Sí, de hecho.' '¿Pero no sabe que correlación no es causalidad, post hoc no es propter hoc y todo eso?' 'Bueno, ese fue el punto que le hice a continuación....'

Y así, mi amigo continuó su historia:

"'Bueno, sí, Doctor, no tenía idea de que Séamus era un antivacunas. Siempre pareció tan normal. Pero gracias por su tranquilidad. Sin embargo, hay algo más.... Vi esto compartido en Facebook que decía que ha habido más de 28.000 muertes reportadas en EE. UU. en algo llamado VAERS y que normalmente una vacuna se retira para investigación si hay 50 muertes....' 'Ahora, Margaret, déjeme tranquilizarla también sobre esto. Verá, hay un principio en medicina que establece que 'correlación no es causalidad'.... el hecho de que alguien muera poco después de la vacuna no significa que fuera la *causa* real de su muerte. Podrían haberse tropezado con su gato o algo así, simplemente no hay forma de saberlo.' 'Ah, ya veo. Entonces, todas esas muertes podrían.... o tal vez *no* haber sido causadas por la vacuna?' 'Así es.' 'Bueno, eso es algo tranquilizador... supongo.' 'Bien hecho, Margaret. ¿Le gustaría una inyección ahora? Tengo muchas aquí.' 'Ehm, bueno, espere, Doctor, hay otra cosa...'"

'¡Dios mío, ¡TODAVÍA sufría de Vacilación Vacunal incluso después de todas sus garantías?' 'Sí, de hecho. Como dije, era un caso casi terminal de la vieja vacilación, pero logré darle la vuelta al final, Oisín.' '¿Y cómo lo hizo?'

Mi amigo continuó:

"'Sí, Margaret: ¿qué más le preocupa?' 'Bueno, hice una investigación en línea yo misma y encontré un artículo de la Universidad de Estocolmo que sugiere que estas vacunas inhiben la reparación del ADN in vitro y que esto podría tener implicaciones muy serias para la salud a largo plazo.[1] Todos sabemos que la inhibición de la reparación del ADN puede fomentar el cáncer y demás....' 'Ahora, Margaret, Margaret, déjeme detenerla ahí mismo. ¿Seguramente sabe que no puede confiar en todo lo que lee en internet? Claro, ¿por qué cree que animamos a la gente a nunca buscar nada sobre su salud en Google? Es solo para este tipo de escenarios, para que no se asuste innecesariamente.' 'Oh, bueno, ya veo, Doctor. Entonces, en su opinión experta, ¿este estudio no es motivo de preocupación?' 'Por supuesto que no, Margaret, por supuesto que no. Para empezar, usted es muy mayor, y el cáncer tarda años en desarrollarse... así que mire, ¿qué tal si se pone su primera inyección hoy?' '¡Oh, de acuerdo, Doctor, me ha convencido!' 'Bien hecho, Margaret, bien hecho. Ahora, aquí vamos, solo un pequeño pinchazo.... ¡y listo!'

'¡Oh, bien hecho!', felicité a mi amigo. '¡Al final logró curarla de su enfermedad!'

Y aunque mis felicitaciones eran genuinas, el relato de

mi amigo aún me preocupaba mucho. De hecho, solo sirve para resaltar la naturaleza nefasta de estos antivacunas, ya sea la descarada difusión de desinformación de su vecino en el momento de su muerte (típica manipulación emocional, si me pregunta) o la presentación de datos de eventos adversos sin interpretación experta. No es de extrañar que Margaret terminara haciendo sus propias búsquedas hipocondríacas en Google. Para ser honesto, toda la conversación con mi amigo realmente me abrió los ojos sobre la magnitud de la amenaza de desinformación que enfrentamos (y también me dejó ronco de tanto gritar).

Mientras mi amigo se iba, le pregunté cómo estaba Margaret ahora.

'Ah, ahora mismo está en el hospital recuperándose de un derrame cerebral importante, pero al menos no fue el Covid lo que la llevó allí.'

Los 'Luchadores por la Libertad' Antivacunas

Bueno, acabamos de ver los efectos dañinos que los antivacunas pueden tener en personas perfectamente inocentes, pero eso no es todo lo nefasto que pueden hacer. De hecho, también están teniendo cada vez más el descaro de salir a las calles y causar disturbios sociales, protestando por ideales como la 'libertad', la 'autonomía corporal' y otras ideas que solo demuestran lo enfermos mentales que están todos.

Peor aún es que estas reuniones apartan a los valientes miembros de nuestra fuerza policial de sus deberes generales, que ya son bastante difíciles, como abordar incidentes de estornudos en público, y los ponen en las 'primeras líneas' del Covid, por así decirlo. ¡Qué valientes son nuestros policías al enfrentarse a los balbuceos de extrema derecha de estos indeseables! Recuerdo bien las escenas de caos en mi hermosa ciudad de Dublín cuando los manifestantes llenaron las calles allí. Me alegra decir, sin embargo, que no fueron rival en absoluto para los jóvenes y mujeres de An Garda Síochána, quienes estaban todos con triple mascarilla, usando visores protectores y llevando porras esterilizadas.

Pero por mucho que admire la maravillosa fuerza policial de Dublín, una vez más me veo obligado a admitir, aunque con la mayor de las reticencias, que otros países nos han superado en el frente de la aplicación de la ley del Covid. De hecho, cuando oí el anuncio del querido presidente Macron de que deseaba 'joder' a los no vacunados 'hasta el final', supe que necesitaba ver por mí mismo cómo un Estado con el poderío militar de un país como Francia abordaba las protestas antivacunas. Simultáneamente, también sentí que la mierda estaba a punto de golpear el ventilador en las calles de París y que necesitaba estar allí para cubrirlo. Y así llamé a mi editor en *The Oirish Times*, él dio el visto bueno y, claro, allá fui. Unos días después, esto apareció en las primeras páginas.... una de las mejores piezas de mis muchos excelentes artículos, debo decir:

> "MUY VALIENTES SOLDADOS FRANCESES EN TANQUES Y GENDARMES ARMADOS SE ENFRENTAN A LA AMENAZA EXTREMA Y POTENCIALMENTE LETAL DE LAS GOTAS ANTIVACUNAS
>
> Cuando decenas de miles de coches y camiones pertenecientes al llamado 'Convoy de la Libertad' partieron de todo el país para invadir el centro de París, el presidente Macron decidió que ya era suficiente. En un discurso televisado a la nación, el presidente expuso su plan: 'Estamos siendo asaltados por un ejército de extremistas, cualquiera

de los cuales podría portar cantidades potencialmente letales de Covid. Así que llamaré al ejército para "emmerder" (joder)los.'

La referencia a 'emmerder' es representativa de la política de salud preferida de Macron para tratar con los no vacunados. Típicamente traducido como 'orinar sobre' en la prensa extranjera, me complace informar que su verdadero significado es en realidad 'cagarse encima de' (¡ah, ¿no es el francés la crème de la crème de los idiomas en todas partes?) El anuncio del presidente trajo un alivio generalizado a los parisinos que, comprensiblemente, temían que París pudiera convertirse en otra Ottawa. 'Oh mon Dieu', dijo un residente, 'mi esposa y yo teníamos tanto miedo de que hubiera muchos "onking through ze night" y que esto interrumpiera nuestro hacer el amor.'

Si los manifestantes antivacunas esperaban establecerse en sus coches y camiones en los Campos Elíseos, se llevaron una gran decepción. En las afueras de París, se encontraron con tanques, desplegados especialmente para la ocasión, y soldados y gendarmes completamente armados. Los coches del convoy fueron detenidos por gendarmes que apuntaban sus armas a los conductores mientras los tanques detuvieron a los manifestantes en seco. El jefe de policía parisino, Michel Moustache, ha declarado: 'Estábamos muy preocupados, para ser honestos, ya que no estábamos seguros de que nuestros tanques y armas fueran rival para las grandes cantidades de saliva no vacunada que podrían haberse lanzado en nuestra dirección. Pero, al final, logramos hacer retroceder el convoy sin problema, justo a tiempo para que todos tuviéramos un agradable almuerzo de cuatro platos que culminó en una maravillosa crème brulée y regado con un poco de Borgoña.'

Oisín MacAmadáin es experto residente en *The Oirish Times*"

¡Los franceses no se andan con rodeos, se lo aseguro! Creo que podríamos aprender de su enfoque en Irlanda. Por supuesto, para eso, nuestro ejército necesitaría tener un tanque.... pero si la amenaza de los antivacunas merodeando por las calles no es suficiente para que nuestro gobierno priorice un poco más el presupuesto militar, entonces no sé qué lo es.

Debo, por supuesto, en este punto mencionar a los molestos camioneros marginales de Canadá que iniciaron todo este asunto del 'convoy de la libertad' en primer lugar y, da la casualidad, que decidí darles su propia sección. Y así que.... ¡siga leyendo!

Oisín se dirige al Extremo Norte: Conociendo a los camioneros canadienses de extrema derecha y antivacunas

No soy de los que alardean de sus contactos, pero en realidad soy muy amigo del Primer Ministro canadiense. No solo su aspecto diabólicamente atractivo me hace desmayar, para preocupación de mi esposa, sino que también he encontrado que toda su política de Covid es.... bueno.... ¿cómo decirlo?: si una política de Covid pudiera ser orgásmica, entonces la suya lo sería.

Así que cuando oí que todo un ejército de camioneros estaba descendiendo sobre la capital canadiense para protestar por los esfuerzos de mi amigo para salvar vidas, inmediatamente empaqué mis orejeras y reservé mi billete a Canadá: no iba a dejar que mi querido amigo se enfrentara solo a este ejército de chiflados negacionistas del virus.

Pero antes de partir, lo llamé para informarme sobre la situación.

'Entonces, ¿qué está pasando, mi Trudy-wudy?', pregunté.

'Oh, me encanta cuando me llamas así, Oisín.... en fin, básicamente estas personas están manteniendo a la sociedad como rehén. Están obligando a cerrar tiendas y negocios, arruinando los medios de vida de muchos de nuestros ciudadanos, y están manteniendo a la gente confinada en sus casas por miedo a su seguridad si se aventuran a salir. ¡Realmente, son despreciables!'

'¡Oh, sí lo son! ¡¿Cómo se atreven a hacer estas cosas, Trudy-wudy?!! Es decir, usted nunca le haría ninguna de esas cosas a nadie, ¿verdad?

'Por supuesto que no, Oisín-woisín.'

'¿Entonces, quiénes son estas personas?'

'Bueno, son como totalmente marginales.'

'Ah, ajá'

'Y como totalmente racistas, por supuesto...'

'Por supuesto. Probablemente andando por ahí con la cara pintada de negro y cosas así, ¡uf!'

'Ehm, bueno, sí, quizás.... pero también son como totalmente misóginos....'

'No hay sorpresas ahí. ¿Algo más?'

'Sostienen puntos de vista como totalmente inaceptables.'

'Entendido.... ¿eso es todo?'

'Bueno, son como totalmente blancos y totalmente masculinos....'

'Eso se da por sentado, Trudy. Básicamente, lo que estás diciendo es que lo que sea que seas tú, ellos no lo son, ¿y viceversa?'

'Absolutamente, Oisín. Preferiría morir antes que ser un

hombre blanco... oh, y parece que la mayoría de ellos ni siquiera son camioneros. Son principalmente activistas de extrema derecha que acaban de ser reclutados, la mayoría de ellos probablemente de Texas. Incluso se les vio ondeando carteles con esvásticas.'

'Ah, gracias, Trudy, me has dado una descripción tan clara. ¡Estaré contigo en un santiamén y tengo muchas ganas de verte!'

'Oh, yo también. ¡Hasta pronto, Oisín!'

En fin, lo siguiente que sé es que llego a Ottawa. Volví a llamar a mi amigo, pero no pude comunicarme y me encontré redirigido a su secretaria. 'Me temo que el Primer Ministro no se encuentra bien, Prof. MacAmadáin, tiene Covid y necesita aislarse.' La gravedad total de la situación me invadió entonces: este ejército de racistas, misóginos y asquerosos estaban atacando a mi querido Trudy y en un momento en que él, sin duda, se enfrentaba a los estragos de esta peligrosa enfermedad. Por lo que yo sabía, podría haber estado a las puertas de la muerte y lo último que escucharía sería el sonido de las bocinas mezclado con improperios regulares dirigidos a él.... Y así me decidí a enfrentarme yo mismo a este 'ejército' de camioneros y hacer que dieran la vuelta a su convoy.

Tomé un taxi a la plaza del parlamento y allí estaban todos, haciendo un alboroto terrible y protestando....

Me acerqué a uno de los camiones. '¡Oye, tú! ¡Sí, dije, tú! ¡Quiero hablar contigo!'

Salió una mujer de piel morena, cabello negro largo y una cierta compostura majestuosa.

'Ehm', dije, '¿la capturaron o algo así?'

'¿Perdón?'

'Es que quería hablar con uno de los camioneros que

están causando todo este alboroto y, bueno, usted no parece ser...'

'Soy una de las camioneras que, como usted dice, están causando todo este alboroto. ¿De qué quiere hablar?'

'¿Y usted es canadiense, entonces?'

'¡¿Cómo se atreve? ¿Se refiere al color de mi piel? Soy de las Primeras Naciones y, sí, soy canadiense.'

'Ya veo'. Miré mis notas y luché por reconciliarlas con este último giro de los acontecimientos.

'Oye, Marty', llamó la mujer. '¡Ven aquí – necesito tu ayuda!'

'Sí, Nagamo, voy enseguida.'

Ahora me enfrentaba a un hombre corpulento que era, con sobrepeso, barbudo y, gracias a Dios, innegablemente blanco. 'Uf', pensé. 'Ahora, estoy en terreno más firme.'

Justo cuando estaba a punto de confrontar a este hombre sobre su evidente racismo, Nagamo habló:

'Marty, este hombre es un racista.'

'¡Oh, qué...?!', balbuceé. 'No, no lo soy...'

'Sí, lo es. No podía creer que yo fuera canadiense.'

'¡Oh no!', dijo Marty. 'No lo creo. No hacemos ese tipo de cosas en Canadá.'

'Lo siento mucho', dije, 'Es que me dijeron que todos ustedes eran racistas....'

'Pero usted fue quien se empeñó en señalar el color de mi piel. ¿Y quién, exactamente, le dijo eso?'

'Ehm, realmente no puedo decir, lo siento....'

En este punto, sentí que necesitaba volver a la ofensiva con algún tipo de crítica de la que pudiera estar más seguro....

'Bueno, Marty, ¡a mí me parece bastante claro que usted *no* es un camionero!'

'Por supuesto que sí. Y lo he sido toda mi vida laboral.'

'¿Quiere decir que ese camión de ahí es suyo? ¡Lo dudo mucho!'

'Ah, ya veo, usted cree que no somos realmente camioneros, que hemos robado todos estos camiones y que los verdaderos camioneros están atados y amordazados en algún lugar. O quizás que todos teníamos un camión de repuesto en nuestros patios traseros, como usted, y cuando surgió la oportunidad de holgazanear un poco en el fascismo de derecha, nos subimos a nuestros camiones y partimos.... bueno, déjeme decirle, todas esas son teorías de conspiración.'

'¡Uhhh, no, ese no puede ser el caso, ustedes son los teóricos de la conspiración, no nosotros!'

'¡Sí, claro, y ustedes son los que creen que tiene sentido que el mundo se detenga por un virus con una tasa de mortalidad inferior al 0,1%... ¡y creen que nosotros creemos cosas locas!'

Me sentía cada vez más inseguro de mí mismo, tal era la sofistería retorcida que estaba encontrando, así que fui a por mi última carta, la única cosa que sabía con certeza que desenmascararía a este hombre de una vez por todas.

'¡Pero apuesto a que tiene una esvástica!'

'No la tengo.'

'¡Sí, la tiene!'

'No, no la tengo. Todo eso de la esvástica fue alguien ondeando un cartel que decía que una esvástica era representativa del tipo de gobierno que tenemos ahora. Que los medios de comunicación luego usen eso en nuestra contra solo sirve para probar el punto....'

'¡No, eso no puede ser cierto! ¡Mi amigo Trudy-wudy lo dijo!'

'¿Trudy-wudy? Lo siento, no es quien creo que es, ¿verdad? ¡Espere, ¿es amigo de...., espere, señor, espere!'

Debo admitir, querido lector, que, habiendo descubierto mi tapadera de esta manera, sentí que probablemente era mejor salir pitando. Y así me encontré rápidamente de vuelta en la seguridad del aeropuerto, donde, naturalmente, no se permite la entrada a los antivacunas. Reflexionando sobre mi conversación con Nagamo y Marty, concluí que probablemente no eran camioneros reales, sino algún tipo de actores pagados por grupos supremacistas blancos para engañar a la gente haciéndoles creer que canadienses normales y de mentalidad liberal formaban parte del convoy de camioneros. Simplemente había tenido mala suerte, en otras palabras. Así que me quité el incidente de la cabeza, sabiendo que, al menos, había hecho todo lo posible por ayudar a mi amigo. Oh, pobre Trudy-wudy, debe estar ahora mismo acurrucado en la cama, moqueando. Si tan solo pudiera llevarle una buena taza de té y una bolsa de agua caliente y besarle el Covid para que se curara.... en fin, sé que está en buenas manos y se recuperará antes de que se dé cuenta y estará listo para enfrentarse a estos desagradables camioneros de una vez por todas.

En cualquier caso, en este capítulo hemos analizado a algunos de los cabecillas antivacunas y los hemos expuesto como los charlatanes que son. Luego examinamos cómo sus ideas crean la enfermedad de la vacilación vacunal y analizamos en detalle sus descarados esfuerzos por mantener la 'libertad' de asesinarnos a todos. Después de considerar todas estas cosas, ¿cómo podemos resumir cómo son estas personas? Ahora me gustaría ofrecer algunas reflexiones finales...

Conclusión: ¡Los no vacunados son EGOÍSTAS!

Si hubiera un estudio que demostrara que los no vacunados son egoístas, egocéntricos, obtusos, arrogantes, que sufren de una disonancia cognitiva casi terminal y básicamente no son más que expertos de sillón, entonces yo, por mi parte, no me sorprendería en absoluto.

Por mi vida que no puedo entender qué mentalidad retorcida debe operar en alguien que se niega a ponerse la vacuna. ¿Acaso no saben que están poniendo en RIESGO a todos a su alrededor y, de hecho, a toda la sociedad? ¿Que bien podrían simplemente caminar con un megáfono, anunciando: 'Soy una mierda egoísta porque no me importa que el mismo aire que respiro probablemente los mate a ustedes y a todos sus seres queridos'?

¿Cómo puede la gente ser tan EGOÍSTA como para no hacer lo que TODOS sabemos que es CLARAMENTE lo mejor para ellos? Es incomprensible.

Oh, autonomía corporal, bla, bla, bla, por favor. ¿Qué hay de MI autonomía corporal que muy probablemente sufrirá consecuencias terminales cuando respire gotitas aéreas no vacunadas? ¡¿Nunca piensan estas personas en esa posibilidad?! De hecho, diría que es solo cuestión de tiempo antes de que la ciencia demuestre que la saliva no vacunada es mortal incluso cuando no está infectada con Covid. Estas personas son presagios de muerte, simple y llanamente.

Además, las vacunas PROTEGEN las vidas de todos los que las toman. ¿Por qué los no vacunados no pueden 'entender' esto y siguen tomando la decisión de asesinarnos a todos?

'Oh, pero tuve Covid, tengo anticuerpos, ¿por qué me pondría la vacuna?', algunos de ellos repiten felizmente.

Estas personas son astutas, se lo digo, a menudo presentan lo que parecen argumentos totalmente sólidos y lógicos, pero, en este caso, todo lo que estas personas están haciendo es revelar sus creencias seriamente anticuadas sobre el valor del sistema inmunológico. Además, sus prioridades están todas distorsionadas. La réplica obvia es: '¿Así que dice que está a salvo del Covid y aún así no quiere estar AÚN más seguro? ¡Nunca se puede estar demasiado seguro!'

Y cuando no nos están matando a todos, los muy cabrones se están poniendo al borde de la muerte por Covid (¡Ja! ¡Se lo merecen!) y terminan ocupando camas de cuidados intensivos invaluables. ¿No tiene fin su egoísmo, les pregunto? Aquí estamos todos, involucrados en un esfuerzo compasivo y a nivel de toda la sociedad para salvar vidas, ¡y estos lunáticos tienen la audacia de terminar cerca de la muerte y de quitar recursos a quienes más necesitan atención médica!

De hecho, estas personas tienen puntos de vista inaceptables y no deben ser toleradas. La mayoría de nosotros, la gente con buen criterio, lo entiende, como lo demostró el estudio de la Universidad de Aarhus que mostró que las personas vacunadas desprecian a los no vacunados (pero, extrañamente, esto no fue recíproco, ¡Dios, los típicos bobos que son, realmente incapaces de captar la situación!). Porque, el triste hecho que tenemos que reconocer es que los antivacunas son extremistas y, al igual que cualquier otro tipo de terrorista, necesitan someterse a una reeducación. Por eso me alegré muchísimo cuando leí las recomendaciones progresistas presentadas por un profesor de psicología de la Universidad de Bristol, quien dijo que aquellos que rechazan la vacuna deberían someterse a un entrenamiento de desradicalización.[2]

Verán, el resto de nosotros somos las personas que

vemos la verdadera necesidad de solidaridad y cohesión social. No sé si vieron el hermoso video alemán hecho por unos pastores de ovejas que juntaron todos sus rebaños para que, desde una vista aérea, formaran la silueta de una vacuna. El video fue tan conmovedor que me hizo llorar. Verdaderamente, los buenos en esta historia son como esas ovejas, todas siendo guiadas a tomar la vacuna por su propio bien y el beneficio de todas las ovejas en todas partes.

Y tomar la vacuna es para nuestro beneficio, ¡que no quepa la menor duda! Por eso el próximo capítulo es tan importante, porque ahora llegamos a los tipos de mitos que los antivacunas difundirán sobre la vacuna en sí... ¡así que pasemos a la refutación de mitos más importante de todas! ¡Adelante!

8

CAPÍTULO OCHO: ¡DESMONTANDO LOS MITOS ANTIVACUNAS!

Bien, ahora hemos expuesto el carácter de estos antivacunas, sus intentos desquiciados y extraños de luchar por la 'libertad' y las nefastas consecuencias de sus acciones. Pero, ¿qué tipo de cosas dicen realmente sobre las propias vacunas?

Ahora, todas las mentiras que siguen sugieren de alguna manera que las vacunas contra el Covid causan daño. Sí, lo sé, lo sé... las mismas vacunas que han sido probadas rigurosamente y desde todos los ángulos posibles por los mejores científicos y gobiernos de todo el mundo y que han demostrado ser seguras y efectivas y, muy posiblemente, por lo que sé, incluso confieren beneficios para la salud mucho más allá de la protección contra el Covid (bueno, no me sorprendería de todos modos... de la misma manera que una manzana al día es una muy buena idea, sin duda un refuerzo al año tendrá un impacto muy positivo en su longevidad).

Bueno, ¡prepárense para una buena carcajada cuando vean el tipo de tonterías que escupirán sobre estas vacunas que salvan vidas! En particular, me centraré en cuatro de sus ideas más perniciosas, a saber, que las vacunas contra el Covid pueden: dañar o editar nuestra genética; matarnos (!); dañar nuestros corazones o causar un ataque cardíaco y, finalmente, que pueden afectar la fertilidad.

¡Así que, abordemos ahora cada una de estas a su vez!

¿Una peligrosa terapia génica?

Ya he mencionado la naturaleza extraordinariamente innovadora de las principales vacunas contra el Covid utilizadas hasta la fecha.... pequeños mensajeros que van a nuestro sistema genético de ARN y de hecho le instruyen para que fabrique la proteína de espiga del Covid a la que nuestro cuerpo luego crea una respuesta inmune... absolutamente genial en su conjunto. Pero sobre la base de esta asombrosa tecnología, los antivacunas se atreven a sugerir que nuestra genética corre el riesgo de dañarse de alguna manera.... bueno, jajaja, eso es un poco exagerado, ¿no es así?

Bueno, uno pensaría que sí, ¡pero las criaturas astutas que son les gusta sugerir que la investigación científica realmente demuestra que esto es cierto!

Por ejemplo, les gusta señalar un estudio de unos supuestos científicos de la Universidad de Estocolmo con un título bastante prolijo y pretencioso ('SARS-CoV-2 Spike Impairs DNA Damage Repair and Inhibits V(D)J recombination in vitro' - trad. *La proteína Spike del SARS-CoV-2 deteriora la reparación del daño en el ADN e inhibe la recombinación V(D)J in vitro*). En lenguaje sencillo, lo que este estudio básicamente investigaba era el efecto que la proteína de espiga, tal como la crean las vacunas, tiene sobre el ADN *in vitro* y lo que los investigadores 'afirman' haber encontrado es que en realidad inhibe la reparación del ADN. Ahora, si uno tuviera una mentalidad conspirativa, esto sin duda se interpretaría como muy preocupante y como un riesgo de consecuencias potencialmente graves en algún momento u otro en el futuro... ¿por qué estamos vacunando a nuestros hijos con estas cosas?, bla bla bla, ya saben, maná antivacunas del cielo esencialmente.

De hecho, sinceramente no sé qué pasa con algunos científicos hoy en día... ¿no saben que este es exactamente el tipo de estudio que a los antivacunas les encantaría tener en sus manos? Es decir, solo lean la conclusión de los autores de que sus hallazgos 'subrayan los posibles efectos secundarios de las vacunas basadas en la proteína de espiga de longitud completa'. Con respuestas como esa, debería quedar claro para cualquiera con medio cerebro que estas preguntas ni siquiera deberían plantearse en primer lugar.

¡Pero, afortunadamente, tenemos expertos como yo para exponer los graves defectos en investigaciones como esta!

En primer lugar, es de Suecia. Los suecos solían ser muy geniales y liberales, pero eso cambió para siempre con su enfoque de la pandemia de 'sin confinamiento, sin mascarillas, vamos a asesinar a nuestras abuelas'. Por lo tanto, dudaría seriamente de la credibilidad de cualquier investigación que emane de un lugar así (y además a todos les encanta ABBA, así que caso cerrado).

En segundo lugar, sus supuestos hallazgos fueron 'in vitro' en lugar de 'in vivo'. En otras palabras, este estudio se realizó sobre material genético fuera de un cuerpo humano vivo. Por lo tanto, no hay CERO evidencia para pensar que lo mismo ha sucedido ahora en los cuerpos de miles de millones de personas en todo el mundo.

De hecho, no me sorprendería si este supuesto equipo de investigación ahora quisiera realizar el mismo experimento en un cuerpo humano vivo... ¡Ja! ¡Como si alguna vez obtuvieras la aprobación ética para realizar *ese* tipo de estudio! La mera noción me parece potencialmente extremadamente peligrosa para la salud humana. Es decir, imaginen si hicieran este experimento en una sola persona y tuvieran los mismos hallazgos, bueno, tendrían que detener la distribución de la vacuna inmediatamente y entonces muchos millones nunca recibirían los beneficios para la salud de la vacuna! ¡Qué total farsa sería eso! Yo, por mi parte, me alegro de que experimentos potencialmente peligrosos como este sueco hayan permanecido puramente in vitro en lugar de llevarse a cabo en grupos grandes o a gran escala de personas, lo que, dadas las circunstancias, sería algo totalmente imprudente. En eso, estoy seguro de que todos podemos estar de acuerdo.

Finalmente, incluso si estos hallazgos son ciertos... ¿qué daño hay de todos modos? Muchas cosas dañan la reparación del ADN. Pesticidas, productos químicos, lo que sea, y la mayoría de la gente no les da una segunda oportunidad.

Así que sugiero que tampoco se preocupen por ello.

De hecho, les aconsejaría de manera similar cuando se trata de otro tropo antivacunas estándar en el frente genético, a saber, que las vacunas contra el Covid no solo están dañando nuestra genética, sino que la están cambiando o 'editando' activamente (honestamente, nunca termina con esta gente, ¿verdad?)

Por supuesto, todos estaban realmente encantados consigo mismos y generalmente por las nubes cuando salió un artículo de la Universidad de Lund (y sí, eso también está en Suecia... ¿ven el patrón aquí?) que parecía indicar que la alteración del ADN bien podría ser el resultado de las vacunas contra el Covid. Ahora, este artículo también tiene un título terriblemente complicado ('Intracellular Reverse Transcription of Pfizer BioNTech Covid-19 mRNA Vaccine BNT162b2 In Vitro in Human Liver Cell Line' - trad. *Trans-*

cripción inversa intracelular de la vacuna de ARNm contra la COVID-19 BNT162b2 de Pfizer BioNTech in vitro en una línea celular hepática humana), pero eso no es una verdadera sorpresa, ya que les da a este tipo de personas aires intelectuales elevados, ya ven (o eso creen de todos modos). En cualquier caso, lo que el artículo afirmó encontrar fue que el ARN de las vacunas puede 'transcribir inversamente' (lo que sea que eso signifique) para convertirse en ADN dentro del núcleo de la célula y en solo unas pocas horas después de la vacunación. Básicamente, lo que creo que están tratando de decir es que las vacunas son capaces de crear ADN totalmente nuevo a partir del ARN que ya está en ellas, o algo así de todos modos, solo Dios sabe para ser honesto, me resulta difícil entrar en la mentalidad de esas personas.

Ok, ok, así que todo el tiempo los antivacunas han estado hablando y hablando de cómo las vacunas pueden editar tu genética y aquí, entonces, hay un estudio que parece mostrar que hacen exactamente eso... ¡pero esperen, no tan rápido, por favor! Para empezar, los autores de este artículo afirman muy claramente que no saben si este nuevo ADN permanece permanentemente en el genoma o si simplemente se degrada y desaparece. ¡Así que, sí, abucheo, tontos! ¡De ninguna manera se confirma que nuestro ADN sea alterado permanentemente por estas vacunas *en absoluto*! Y, tengo noticias para ustedes, incluso si se cambiara para siempre, ¿qué demonios tiene de malo tener ADN nuevo de todos modos? ¡Este tipo de personas lo presentan como si el ADN fuera algo malo! Francamente, a mí me suena bastante genial, pero claro, no soy ni un ludita ni un dinosaurio que vive en una época pasada... ¡en cambio, abrazo la ciencia y todo lo que implica!

Ok, hasta aquí los supuestos efectos de las vacunas en nuestra genética, ¿qué pasa con todas esas tonterías de la 'vacuna de la muerte'? Bueno, la idea de que la vacuna podría matarte proviene principalmente de interpretaciones erróneas de sistemas de monitoreo de eventos adversos de vacunas por parte de personas con enfermedades mentales, así que ahora dirijamos nuestra atención de verificación de hechos en esa dirección...

Muertes y eventos adversos reportados por VAERS: Mucho alboroto por nada

Si pudiera recibir una vacunación gratuita cada vez que los antivacunas salen con sus asquerosas mentiras sobre los datos del VAERS, estaría pinchado por todas partes y lleno de salud.

Pero, ¿qué es VAERS?, podrían preguntar. Es el 'Sistema de Notificación de Eventos Adversos de Vacunas' y todos esos antivacunas que afirman haber muerto, o lo que sea que crean que les pasó, pueden usarlo para reportar sus supuestas reacciones adversas. Lo dirige el gobierno de EE. UU. (aunque realmente creo que deberían saberlo mejor: no deberían alentar a este tipo de personas).

Normalmente no me gusta presentar la posición antivacunas en sus propios términos retorcidos, pero lo haré en este caso, ya que es evidentemente tan ridículo como para ser risible. De hecho, me encontré entrevistando a un antivacunas (a quien encontré en Dios sabe qué oscuro rincón de internet) solo para este propósito, para que puedan ver exactamente el tipo de tonterías que dicen. Aquí tienen una transcripción de la entrevista (que fue alrededor de marzo de 2022):

> 'Oisín: Entonces, tú, dame tu red de mentiras.
>
> Persona con Sombrero de Papel de Aluminio: Gracias

por la oportunidad. Bueno, la cuestión es que el VAERS muestra que se han reportado más de 28.000 muertes por las vacunas contra el Covid hasta ahora y una vacuna normalmente se retira e investiga por problemas de seguridad si ha tenido solo 50 muertes asociadas a ella y eso es un número bastante menor que 28.000....

Oisín: ¡Oh, solo intentas presumir de tu destreza matemática, ¿verdad?!

Persona con Sombrero de Papel de Aluminio: No, en realidad no. Es más bien que esto sugiere una 'señal de seguridad' preocupante, ya ves, y....

Oisín: ¡Espera un minuto! Somos nosotros los que queremos salvar vidas y mantener a todos a salvo. ¡Cómo te atreves a apropiarte de nuestra terminología?!

Persona con Sombrero de Papel de Aluminio: Bueno, entonces, ¿por qué no les importa ayudar a los que están lesionados por la vacuna, así como a los que están dañados por el Covid? ¿Por qué no podemos hacer ambas cosas? Ha habido casi el triple de muertes asociadas con las vacunas contra el Covid que con todas las demás vacunas combinadas desde que se tienen registros... y más de 150.000 hospitalizaciones relacionadas con la vacuna contra el Covid....

Oisín: ¡Oh, confío en que estés contando! Pero, ¿por qué deberíamos tomar en serio estos informes? Quiero decir, cualquiera puede hacer uno.... ¡Probablemente te has inventado al menos la mitad de los informes de fatalidades, por lo que sé!

Persona con Sombrero de Papel de Aluminio: Bueno, no.... la mayoría de ellos son completados por médicos y en realidad es un delito presentar un informe falso.

Oisín: ¡¿Un delito presentar un informe falso?! ¡Yo lo

convertiría en un delito presentar un informe en primer lugar!

Persona con Sombrero de Papel de Aluminio: También deberíamos recordar el estudio que sugirió que solo alrededor del 1% de los eventos adversos de las vacunas se reportan en primer lugar...

Oisín: ¡Ja! Apuesto a que fue un 'estudio' de uno de esos grupos antivacunas, 'salvar a los niños' o lo que sea....

Persona con Sombrero de Papel de Aluminio: No, fue de los Centros para el Control y la Prevención de Enfermedades...

Oisín: ¡Sí, claro que sí! ¡Mentiroso, mentiroso, los pantalones en llamas!

Persona con Sombrero de Papel de Aluminio: ¿Por qué mentiría sobre eso? De manera similar, el gobierno alemán acaba de publicar datos que sugieren que 1 de cada 5000 dosis de la vacuna contra el Covid resulta en un evento adverso 'grave', lo que significa que la reacción de alguien es lo suficientemente grave como para resultar en hospitalización. Ahora, eso seguramente debería preocuparnos a todos y...

Oisín: ¡Oh, entonces el gobierno alemán se vuelve antivacunas y se supone que debemos tomarlos en serio, ¿es así? Ach, ya estoy tan aburrido de ti... ¡esta entrevista ha terminado!'

¡Dios mío, ¿podrían tener una mayor evidencia de que estamos tratando con locos paranoicos que este total disparate? De hecho, hablando de Sombreros de Papel de Aluminio, creo que lo que necesitamos es que la próxima edición del DSM (Manual Diagnóstico y Estadístico de Trastornos Mentales) tenga el TPSPA (Trastorno de Personalidad del Sombrero de Papel de Aluminio) junto con una guía clara de que el tratamiento es imposible y el encarcelamiento la única opción factible.

Es decir, solo miren lo que decía mi entrevistado chiflado... ¿no es obvio que estas personas desconocen totalmente un principio básico del método científico, a saber, que *correlación no es causalidad*? El hecho de que la tía Mary se ponga la vacuna, empiece a echar espuma por la boca y luego caiga muerta media hora después, no significa que la vacuna *causó* su muerte. Podría haber sido que las galletas de chocolate que comió esa mañana estaban un poco malas o que la pasta de dientes que usó durante sus abluciones matutinas había sido envenenada por su vecino, que estaba harto de oírla charlar por teléfono a través de esas paredes de papel. Simplemente no sabes lo que realmente está pasando y nunca debes sacar conclusiones demasiado rápido. El hecho de que parezca un pato, grazne como un pato y se mueva como uno no significa que no sea un elefante.

Lo segundo es que, diga lo que diga este loco, dudo mucho que sea un delito falsificar datos del VAERS. Mi propia impresión es que los antivacunas simplemente están trabajando conspirativamente en ropa interior, enviando informes falsos todos los días. Leen obituarios en el periódico y elaboran un informe. Ven a alguien que ha muerto en las redes sociales y elaboran un informe. Por lo que sé, probablemente salen y asesinan a alguien, pinchándolos por todas partes con jeringas, y luego elaboran un informe. Creo que estos escenarios son mucho más probables que la idea de que estos informes sean genuinos. Y, ¿por qué un médico reportaría tales eventos adversos? Después de todo, los médicos que lo hacen a menudo son amenazados con perder sus trabajos y ser inhabilitados, y ¿por qué querría un médico que *eso* sucediera? ¡Simplemente no tiene ningún sentido!

Así que, espero haberles mostrado cómo contrarrestar el tipo de declaraciones irracionales que las personas con Sombrero de Papel de Aluminio harán sobre el VAERS y sistemas de informes similares. Estas personas simplemente no tienen la capacidad de pensamiento crítico para interpretar correctamente los datos dentro de dichos sistemas. Pensar que un caso en el que la muerte de alguien se atribuye a una vacuna contra el Covid realmente significa que esa persona murió por esa vacuna es realmente un pensamiento de mínimo común denominador. Pero, lamentablemente, amigos, ese es el tipo de tonterías con las que debemos lidiar.

Pero, ¿cómo se supone exactamente que las vacunas nos están matando a todos? Bueno, de prácticamente todas las formas posibles, si creyeran a los antivacunas. Pero no puedo centrarme en cada supuesta causa de muerte, ya que estaríamos aquí hasta que las vacas regresen a casa, como dice el viejo dicho. En cambio, por lo tanto, me centraré en uno de los principales, un mito particularmente atroz del que la mayoría de la gente sin duda ha oído hablar, a saber, que la vacuna posiblemente no sea tan buena para el viejo corazón...

¡No, las vacunas no les darán un ataque al corazón!

Ahora, el mismo punto de 'correlación no es causalidad' también se aplica a la cantidad de eventos cardíacos registrados en VAERS. Pueden estar bastante seguros de que los 15.751 supuestos ataques cardíacos y 50.176 casos de miocarditis/pericarditis (a julio de 2022) no tienen absolutamente nada que ver con la vacuna, digan lo que digan los antivacunas.

Pero, de nuevo, los clientes escurridizos que son les gusta sugerir que la ciencia también está de su lado con esto! Y si hay un artículo que defienden para esta causa particular es uno de un cierto cardiólogo llamado Dr. Steven Gundry con el título '(*trad.*) Hallazgos observacionales de los resultados de la prueba cardíaca PULS para marcadores inflamatorios en pacientes que reciben vacunas de ARNm'.

Así que lo que hizo este Dr. Gundry fue observar varios marcadores sanguíneos (IL-16, Fas soluble y Factor de Crecimiento de Hepatocitos —sí, lo sé, ¡yo tampoco había oído hablar de ellos!) en pacientes antes y después de la vacunación contra el Covid. Y, ¿por qué haría tal cosa?, podrían preguntar. Bueno, según él (¿pero quién le creería?), estos son signos de daño endotelial y vascular y pueden usarse para predecir el riesgo de ataque cardíaco durante un período de cinco años. Comparó los niveles de estos marcadores antes de dos dosis de la vacuna y nuevamente a las dos semanas y tres meses después. Lo que encontró es que el riesgo de ataque cardíaco durante un período de cinco años aumentó de un promedio del 11% al 25% entre los 566 pacientes estudiados.

Ahora, se ha hecho mucho alboroto sobre esto entre los antivacunas, muchos de ellos afirmando que esto es un 'aumento impactante' y 'extremadamente preocupante' y cosas por el estilo. Bueno, todo eso está muy bien, pero el hecho real es que un riesgo del 25% de sufrir un ataque cardíaco es en realidad lo mismo que un riesgo del 75% de NO sufrirlo. Y, si me preguntan, esas siguen siendo probabilidades bastante buenas. Claramente, el verdadero hallazgo de este estudio debería ser que 'Después de la vacunación contra el Covid, las personas SIGUEN siendo más propensas a no sufrir un ataque cardíaco durante un período de cinco años'.

Dicho todo esto, dudo mucho de los hallazgos del Sr. Gundry aquí. Claro, si lo que dice es cierto, entonces sería muy peligroso para todos nosotros tener refuerzos anuales por el resto de nuestras vidas, ¿no es así? Y eso no puede ser el caso porque los directores de todas las compañías de vacunas dicen que estas vacunas son seguras y efectivas y no tengo ninguna razón para dudar de ellos. Es decir, con un riesgo del 25% de un ataque cardíaco después de dos dosis, ¿cuál sería después de su séptima inyección? ¿65%? La sola idea es descabellada. Claro, todos caeríamos como moscas. No lo creo. Por lo que sé, el Sr. Gundry se está inventando estos marcadores sanguíneos.

Y, además, incluso si alguien estuviera preocupado por un mayor riesgo de ataque cardíaco después de la vacuna, bueno, francamente, no debería estarlo. Después de todo, las mismas compañías que fabrican las vacunas también fabrican medicamentos para problemas cardiovasculares, así que estarían bien atendidos.

Y mientras hablamos de ataques cardíacos, bien podríamos abordar también el mito de la inflamación cardíaca y, en particular, la idea de que los hombres jóvenes corren un riesgo significativo de desarrollarla después de la vacunación.

Y, para ser honesto, este es uno muy típico. Por todo internet encontrarán a madres republicanas hablando de sus pequeños Bubba o Linus y de cómo, un minuto estaban jugando al béisbol en la escuela secundaria, y al siguiente ni siquiera podían subir las escaleras y estaban confinados a sus camas.

Pero la opinión de los expertos es que estos no son más que casos 'leves' de inflamación cardíaca y se tratan fácilmente, el equivalente médico a tener que tomar una aspirina o un strepsil. De hecho, no sé ustedes, pero, desde que era joven, siempre he oído hablar de vecinos y familiares que padecían un poco de la vieja inflamación cardíaca leve.... claro, no hay nada inusual en ello. Recuerdo claramente a mi madre diciendo: '¡Oh, ¿oíste, Oisín, la tía Carmel tiene una leve inflamación cardíaca en este momento? Hoy irá al médico para hablar de ello junto con su apendicitis leve.'

Así que cuando se encuentran con estudios como el de Hong Kong que sugieren que uno de cada 2700 adolescentes varones termina con inflamación cardíaca después de su 2ª dosis,[1] algo que los antivacunas denuncian como un 'riesgo alarmante', es importante recordar que lo que estos jóvenes enfrentan es totalmente solucionable. Y, de otras maneras, esta inflamación cardíaca podría decirse que conlleva beneficios, ya que, en primer lugar, se podría decir que estos muchachos están aprendiendo la importancia de 'sacrificarse por el equipo', una valiosa lección de vida que les será de gran utilidad por el resto de sus vidas, por muy largo (o corto) que sea ese tiempo. Y, en segundo lugar, claro, los corazones de estos jóvenes ya están lo suficientemente inflamados con las pasiones de la juventud y eso es mucho más probable que les cause problemas, si me preguntan. Así que es bueno para ellos tomarse un respiro de todo eso, si no es demasiado anticuado de mi parte decirlo.

De todos modos, ahí lo tienen, mis queridos lectores, no, las vacunas no harán que su corazón explote, de eso podemos estar 100% seguros. Pero hay un último y más insidioso mito que abordar, uno de los más enfermizos si me preguntan, a saber, que la vacuna puede afectar la fertilidad del sexo femenino... honestamente, ¿pueden creer el tipo de cosas que esta gente es capaz de decir? No, yo tampoco, ¡y eso que he escrito este libro sobre ellos! En cualquier caso, abordemos ahora esta mentira particularmente atroz....

¡No, las vacunas no afectarán su fertilidad! (en todo caso, solo harán bebés superhéroes)

Ahora, este mito en particular proviene de supuestos documentos de investigación internos de un fabricante de vacunas líder que mostraban que la proteína de espiga creada después de la vacunación viajaba por todo el cuerpo, concentrándose particularmente en los ovarios. Ahora, incluso si esto fuera cierto, no puedo entender cómo podría ser un problema. Quiero decir, todo lo que significaría es que los bebés están protegidos desde el principio y probablemente NUNCA necesitarán ser vacunados ellos mismos. Así que, en lo que a mí respecta, esto sería simplemente una prueba más de la asombrosa tecnología que sustenta estas vacunaciones.... dos por el precio de uno, por así decirlo.

Creo que la verdadera noticia triste en todo esto es que los mismos documentos mostraron que la proteína de espiga no terminó en los testículos *en absoluto*. Esto parecería ser una oportunidad perdida: ¡imaginen si su esperma pudiera ser un arma en la lucha contra el Covid! Esperma infundido con espiga se encuentra con ovarios infundidos con espiga, lo que equivale a bebés nacidos en todas partes como pequeñas máquinas de lucha contra el Covid y absolutamente radiantes de salud.

Por estas razones, me sentí muy molesto al leer recientemente que la Agencia Europea de Medicamentos ha decidido investigar el aumento de los informes de irregularidades menstruales después de la vacunación. Realmente no deberían doblegarse ante los antivacunas de esta manera.... después de todo, solo será más leña para su molino, como dice el viejo proverbio. Quizás debería enviar a mis colegas expertos de la EMA una copia de mi libro para tranquilizarlos sobre este punto.

Hasta aquí la desinformación sobre la fertilidad. En general, cuando pienso en todo este capítulo, me parece bastante obvio que cualquiera que piense que estas vacunas no son seguras está realmente viviendo en el país de las maravillas. El hecho es que incluso los más jóvenes entre nosotros no corren CERO riesgos con ellas. Y es por eso que los reguladores gubernamentales, como los de Australia, están decretando cada vez más que los niños de tan solo 12 años no necesitan obtener el consentimiento de los padres para ser vacunados. Esto es acertado, aunque, en mi opinión, esa edad debería reducirse aún más. ¿Acaso no es cierto que un bebé recién nacido, justo cuando busca naturalmente el pecho de su madre, también buscaría la jeringa?

Bueno, yo creo que sí de todos modos. De hecho, me parece bastante claro que el verdadero problema aquí no son las vacunas, sino la salud mental de los antivacunas. ¿No es la definición misma de hipocondríaco alguien que sigue preocupado incesantemente por su salud incluso cuando su médico le ha dicho que no le pasa nada y que solo está un poco estresado y necesita tomárselo con calma? Y, por lo tanto, ¿cuál, les pregunto, es la diferencia entre esos tipos ansiosos y lo que presenciamos con los llamados 'lesionados por la vacuna'?

Nada que se me ocurra. Quiero decir, no sé ustedes, pero si voy a mi médico pensando que tengo síntomas de inflamación cardíaca o parálisis, no hay nada como este tipo de tranquilidad para ayudarme a calmarme y sentirme mucho mejor. Pero con esta gente, honestamente tienen la audacia de ignorar el consejo de sus médicos y, en cambio, recurrir a internet y difundir sus problemas al mundo. Este es el comportamiento de búsqueda de atención típico de los simuladores en todas partes.

Puedo decir esto porque la ciencia demuestra que el único efecto secundario que estas vacunas pueden darte es un poco de sensibilidad en el lugar de la inyección. CUALQUIER COSA más allá de eso es simplemente un toque de hipocondría.

Por ejemplo:

Si alguien se queja de temblores y convulsiones incontrolables, bueno, todos sabemos que la ansiedad provoca temblores.

Si alguien se queja de problemas cardíacos, bueno, todos sabemos que la ansiedad hace que el corazón palpite y se acelere.

Si alguien se queja de incontinencia urinaria, bueno, todos sabemos que la ansiedad nos lleva a orinar y hacer pis más a menudo.

Si alguien se queja de estar paralizado, bueno, todos sabemos que la ansiedad puede 'paralizarnos' de miedo.

Si alguien se queja de que no puede caminar, bueno, todos sabemos que la ansiedad puede hacer que nuestras piernas se pongan como gelatina.

En cuanto a los que afirman haber muerto por la vacuna, bueno, todos sabemos que se puede morir de susto.

Y a veces, si la gente está realmente ansiosa, como estos hipocondríacos antivacunas, pueden tener todos estos síntomas a la vez. Típico.

Bueno, ahora hemos expuesto los mitos antivacunas más comunes sobre los supuestos peligros de las vacunas contra el Covid. Sabrán bien qué decir a uno de los locos la próxima vez que hablen de los 'riesgos' de usar una tecnología tan novedosa, los datos del VAERS o los ataques cardíacos que supuestamente la gente está sufriendo por doquier (como todos los futbolistas, aparentemente, aunque obviamente se están desplomando solo porque están súper en baja forma después de pasar el confinamiento holgazaneando en el sofá).

¿A dónde vamos ahora? Bueno, dado cómo son estos antivacunas y su propensión a la ansiedad por la salud, probablemente no les sorprenderá que también sean verdaderos adictos a las pastillas. Bueno, no medicamentos adecuados, por supuesto.... Me refiero a cualquier suplemento de moda que haya llegado a su tienda de alimentos saludables. Sin duda, piensan que estas cosas 'limpian sus auras' o lo que sea... pero traen esta misma propensión a tragar cualquier cosa vieja para lidiar con las infecciones de Covid. Verán, al final del día y a pesar de todo, también le tienen miedo al Covid, como todos los demás, y por eso han desarrollado su propio botiquín de medicina charlatana para el Covid, como veremos ahora....

9

CAPÍTULO NUEVE: CURAS CHARLATANAS PARA EL COVID

Uno de los aspectos que más me deja sin palabras sobre los negacionistas del Covid es que, a pesar de que están felices de causar innumerables muertes a través de su promoción de desinformación sobre vacunas, sin embargo, también afirman que quieren salvar vidas del Covid al igual que nosotros (ya sé... ¡no se lo inventarían!). Pero, ¿qué tipo de 'curas' para el Covid se les ocurren? Bueno, como no les sorprenderá saber, es la habitual diarrea cognitiva irreflexiva que todos hemos llegado a esperar de esta gente y, para (re)iniciar este capítulo, primero consideraremos algo que (clip clop - trote de caballo) realmente personifica (cloppity clop) todo su enfoque (¡neiiiigh! ¡neeiiigh!), a saber, su cierta afición por, sí, lo adivinaron.... ¡la Ivermectina!

Ivermectina (¡porque el Covid obviamente te da gusanos! Y te convierte en caballo.... ¡Dios mío, el nivel intelectual de esta gente!)

El otro día, mi vecina Máire me llamó. 'Oisín', susurró por teléfono, '¿Oíste que la Ivermectina ha llegado a Termonfeckin? Ese viejo pastor de ovejas, Séamus, se ha abastecido de ella, dice que le ayudará a combatir el virus de China. ¿Puedes hacer algo al respecto antes de que otras personas tengan la misma idea?' '¡Oh, absolutamente puedo y lo haré, Máire, gracias por ponerme al tanto!'

Tres días después, publiqué una exposición de Séamus como artículo principal en *The Termonfeckin Tribune*:

> '¡Tragedia de Termonfeckin Evitada al Exponer a un Pastor de Ovejas Local Totalmente Tonto!
>
> Séamus O'Shaughnahoy, pastor de ovejas durante cuatro décadas, ha sido encontrado por la Gardaí en posesión de 12 paquetes de Ivermectina, un medicamento desparasitante para caballos que los teóricos de la conspiración afirman que funciona como tratamiento para el Covid.
>
> Detenido, Séamus está actualmente a la espera de juicio bajo cargos de pensamiento conspirativo y estupidez grave. *The Termonfeckin Tribune* tuvo acceso a Séamus en su celda.
>
> TT: Séamus, ¿no eres un completo idiota por caer en toda esa tontería?
>
> Séamus: No es una tontería, ni es un desparasitante para caballos. Es un medicamento ganador del Premio Nobel que ha sido reutilizado con éxito para el Covid y....
>
> TT: ¡El único premio que alguien recibirá en esta situa-

ción eres tú por ser tan absolutamente vacío entre las orejas, el Premio al Tonto de Termonfeckin!

Séamus: ¡No, es verdad lo que digo! Por ejemplo, se ha demostrado que tiene propiedades anti-Covid y se ha utilizado con gran efecto en México e India, entre otros lugares.....

TT: ¡Oh Dios, escúchate! ¡Hablas como si fueras un experto! Es una pastilla para caballos, idiota. Y no te servirá de nada ahora, ni siquiera para tus ovejas, ¿o esperabas que también funcionara para ellas?'

Habiendo cumplido mi deber ciudadano de esta manera, me sentí muy orgulloso de mí mismo y sentí que había ayudado a evitar una grave crisis en mi propia ciudad natal. Sin embargo, admito que una pequeña voz me molestaba en el fondo de mi cerebro, preguntándome de qué demonios estaba hablando con México e India. ¿Podrían ser tan blandos mentalmente allí como para caer también en este tipo de pensamiento de sombrero de papel de aluminio? Así que decidí investigar cuál era la historia y, ¡he aquí!, lo que encontré fue más material para todos mis esfuerzos de desmitificación y así, aquí vamos, amigos...

Primero, México. Parecería que de lo que Séamus hablaba era de un estudio del Instituto Mexicano del Seguro Social, dirigido por un tal César Raúl González-Bonilla. Ahora, lo que se le ocurrió a este González-Vanilla fue la idea de ver qué pasaba si se enviaba un 'kit de tratamiento domiciliario' a la gente de la Ciudad de México, un paquete que incluía un ciclo de Ivermectina, y se comparaban los resultados de este grupo con los de quienes no recibieron un paquete de tratamiento. En total, se hizo un seguimiento a 28.048 personas que terminaron con un diagnóstico confirmado de Covid. Los resultados mostraron que el 11,71% del grupo sin Ivermectina fue hospitalizado, en contraste con el 6,14% del grupo con Ivermectina.

Ok, ok, ya sé lo que están pensando.... ¿eran personas o caballos los que contrajeron Covid? Esa fue la primera objeción que me vino a la mente también y, lamentablemente, al revisar el estudio con lupa, no pude encontrar la respuesta a esta pregunta en ninguna parte.

Pero, ¿podemos realmente decir que estos resultados indican que la Ivermectina es tan útil? ¿Quizás el cinco por ciento adicional en el grupo de Ivermectina que no terminó siendo hospitalizado en realidad terminó relinchando y galopando por su vecindario hasta la institución psiquiátrica más cercana? Quiero decir, no lo sé, pero me parece posible, de todos modos. Hasta que este tipo de preguntas se aclaren, personalmente no le daría demasiada importancia a este estudio del Dr. González-Gorila.

A continuación, la India, y el estado de Uttar Pradesh, que, por mis búsquedas en internet, puedo decir con seguridad que ha alcanzado algún tipo de estatus de culto entre aquellos de nosotros que carecemos de facultades críticas.

Entonces, ¿cuál es el problema aquí? Básicamente, el Departamento de Salud del Estado de Uttar Pradesh participó en un experimento muy peligroso al principio de la pandemia, dando Ivermectina de forma preventiva a todos los trabajadores de la salud. Según el Oficial de Vigilancia del Estado, el Sr. Agrawal: "Se observó que ninguno de ellos desarrolló Covid-19 a pesar de estar en contacto diario con pacientes que habían dado positivo al virus." Bueno, todo lo que puedo decir es que claramente tuvieron suerte, pero sobre la base de esta suerte, ¡tuvieron la audacia de sugerir un programa de Ivermectina a nivel estatal! Contactos cercanos, trabajadores de la salud, casos de Covid, todos debían tomar Ivermectina en lo que el Estado denominó un programa 'profiláctico y terapéutico'.

Para mí, su propia redacción aquí muestra el nivel seriamente bajo de competencia entre estos funcionarios de salud. Es solo un pequeño salto, si sufres de un desafío intelectual, pensar que la Ivermectina no solo te salvará del Covid, ¡sino que también te permitirá tenerlo con impunidad! Honestamente, les pregunto: ¡¿dónde diablos está la moral en todo esto?! Puede que sea anticuado, pero no creo que sea el lugar para NINGÚN departamento de salud del gobierno sugerir que la gente debería ir a ello como conejos (o, de hecho, como caballos, para el caso).

Y es en este contexto que debemos interpretar los 'resultados' de este programa. El Sr. Agrawal continúa diciendo: 'A pesar de ser el estado con la mayor base de población y una alta densidad de población, hemos mantenido una tasa de positividad relativamente baja y casos por millón de habitantes.' Así que sí, al momento de escribir esto en abril de 2022, Uttar Pradesh, con una población de 204 millones, ha tenido 23.494 muertes, mientras que otro estado indio llamado Kerala, con una población de solo 35 millones, ha tenido sustancialmente más, con 67.772 muertes, y eso de hecho parecería ser un plumero en el lóbulo de la oreja de Uttar Pradesh, ¿no es así? Pero como ahora sabemos que todo fue solo una excusa patrocinada por el estado para tener una orgía, podemos deducir que la verdadera razón de los bajos números de casos es que todos se quedaron en casa y se divirtieron, limitando así la propagación del virus de manera muy efectiva.

De todos modos, ahora sé lo que le diré a Séamus la próxima vez que lo vea (cuando termine su condena, es decir). De hecho, no debería investigar cosas como enfoques para el manejo de pandemias en otros países, solo lo engañará y le dará dolor de cabeza cuando necesite preservar la mayor parte de su más bien limitado ingenio mental para esquilar sus ovejas.

Finalmente, hubo otro estudio reciente que zanjó la cuestión de la Ivermectina de una vez por todas. Al analizar una enorme base de datos de resultados de pacientes en todo EE. UU., comparó las tasas de mortalidad entre los tratados con Ivermectina con los tratados con el súper aprobado por el gobierno de EE. UU., Remdesivir. El título del artículo, de hecho, les dice todo lo que necesitan saber: 'El tratamiento con Ivermectina se asocia con un *aumento* de la mortalidad en pacientes con Covid-19: Análisis de una base de datos federada nacional'. ¡Así que ahí lo tienen, perdedores![1]

De todos modos, la Ivermectina representa el pináculo del pensamiento antivacunas sobre cómo curar el Covid. Y uno pensaría que no podría empeorar, pero realmente el resto de sus ofertas en este sentido son aún menos impresionantes. Quiero decir, al menos la Ivermectina *es* un medicamento (aunque solo para caballos). El resto de lo que se les ocurre realmente pertenece al ámbito de la salud alternativa... ¿no se dan cuenta de lo grave que es el Covid? Bueno, claramente no, y así seguimos con...

La debacle de la vitamina D!

Claro, si lo piensas, no es de extrañar que los negacionistas del Covid se aferraran a una píldora para animales como su principal opción de tratamiento para el Covid... después de todo, no son precisamente las mentes más brillantes. Y su próxima 'solución' para el Covid simplemente continúa con ese tema. Verán, los negacionistas del Covid son muy aficionados a sus curas de salud natural y suplementos de todo tipo (probablemente sea solo cuestión de tiempo antes de que se les ocurra una Limpieza Colónica de Covid o algo así). Por lo tanto, no me sorprendió en absoluto cuando empezaron a hablar sin parar de uno de los suplementos más baratos disponibles, a saber, la vitamina D.

Oh, la vitamina D aumentará tu sistema inmunológico y ¿no es una buena idea cuando el sistema inmunológico podría necesitar un impulso, etc., etc., etc.? Escuchen aquí, charlatanes, el único refuerzo que necesita su sistema inmunológico es su 17ª inyección, así que no me vengan con esas tonterías. Y son tonterías totales, como les demostraré ahora mismo.

De hecho, hice una búsqueda en línea de enlaces entre la vitamina D y los resultados del Covid y hay literalmente cientos de artículos en este momento que sugieren que cuanto más baja sea su vitamina D, más probabilidades tendrá de morir de Covid.... pero, para ser honesto, no tengo la paciencia para leer TANTA investigación de científicos de extrema derecha, así que aquí hay solo un ejemplo. Hubo un estudio alemán[2] que analizó el estado de vitamina D de los pacientes con Covid entre aquellos que terminaron en cuidados intensivos y entre aquellos que terminaron muriendo por la enfermedad y lo que estos supuestos investigadores afirman es que aquellos con niveles bajos de vitamina D tenían 15 veces más probabilidades de requerir una cama en la UCI y seis veces más probabilidades de morir de Covid. Bueno, supongo que si uno fuera un poco deficiente mental, ese tipo de conclusiones le llevarían a pensar que los gobiernos deberían obligar a todos a tomar un poco de vitamina D todos los días.... barato, fácil, seguro, salvavidas, bla, bla, bla, ya saben el tipo de tonterías a estas alturas.

¡Pues no tan rápido! Reflexionemos cuidadosamente sobre las implicaciones de esta sugerencia, ¿de acuerdo? ¿Estaríamos honestamente cómodos con que los gobiernos obligaran a todos a tomar un suplemento? ¡¿Qué derecho en nombre de Dios tiene el Estado a controlar lo que entra en nuestros cuerpos?! ¡Claro, ni siquiera sabemos qué más hay en estos suplementos! Todo podría resultar en un desastre de salud total a nivel social, Vitamina D por Vitamina Muerte, la mayor debacle de salud pública de la historia. Y luego, incluso si lo implementaras, ¿cómo diablos lo harías cumplir.... *oh, solo puedes entrar aquí si tienes suficiente vitamina D, muéstrame tus papeles de vitamina D*. Todo sería una locura total y por eso no importa lo que muestren estos estudios, sus implicaciones son total y absolutamente inviables.

Además, digan lo que digan todos estos estudios, realmente no estoy seguro de que la vitamina D sea tan importante cuando se trata del Covid.

De hecho, tengo otro estudio bajo la manga, de mi propio querido país en este caso, que creo que arroja serias dudas sobre la idea de que la vitamina D sea tan útil para el Covid (el estudio se llamó 'Vitamina D e Inflamación: Implicaciones Potenciales para la Gravedad del Covid-19'). Lo que hizo este estudio fue comparar los resultados del Covid según el estado de vitamina D entre países del norte de Europa, que reciben poca luz solar, y países soleados del sur de Europa (curiosamente, los países escandinavos en realidad tenían niveles más altos de vitamina D a pesar de recibir menos luz solar, probablemente porque sus gobiernos fortifican su suministro de alimentos con ella, o eso me han dicho). Entonces, ¿encontraron los investigadores que los países del norte con suficiente vitamina D tenían tasas de mortalidad más bajas que los países del sur con deficiencia de vitamina D? Pues sí, lo hicieron, pero no vayan a pensar que eso significa que los negacionistas del Covid tienen razón todavía... esperen a leer mi propia opinión experta sobre este estudio. Pero, antes que nada, esto es lo que dijeron los investigadores:

> 'Contraintuitivamente, países de menor latitud y típicamente 'soleados' como España e Italia (particularmente el norte de Italia), tuvieron bajas concentraciones medias de 25(OH)D y altas tasas de deficiencia de vitamina D. Estos países también han estado experimentando las tasas más altas de infección y muerte en Europa. Los países de latitud norte (Noruega, Finlandia, Suecia) que reciben menos luz solar UVB que el sur de Europa, en realidad tuvieron concentraciones medias de 25(OH)D mucho más altas, bajos niveles de deficiencia y... tasas de infección y muerte más bajas.'

Ok, entonces, sí, como mencioné, este estudio parecería mostrar que un estado de vitamina D más alto sí se correlaciona con tasas de mortalidad más bajas por Covid. Pero, ¿son realmente los niveles más altos de vitamina D la razón principal, el 'ingrediente activo' por así decirlo, responsable de las tasas de mortalidad más bajas por Covid en los países escandinavos? No estoy tan seguro de que podamos inferir eso de este estudio EN ABSOLUTO. De hecho, hay otro factor potencial en este caso al que los autores del estudio se refieren pero que, extrañamente en mi opinión, no destacan como completamente esencial para su análisis. ¿Y cuál es ese factor? Bueno, en mi opinión experta, lo que este estudio *realmente* destaca es el hecho, hasta ahora enormemente subestimado, de que los países que reciben *menos* luz solar como Noruega o Finlandia también experimentan tasas de mortalidad por Covid *más bajas*. En otras palabras, no creo que el estado de vitamina D tenga nada que ver con el asunto en absoluto. Más bien, es la cantidad de luz solar que recibes lo que determina tu resultado de Covid y cuanto menos recibes, ¡menos probabilidades tienes de morir por ello! Lo que este estudio realmente muestra, por lo tanto, es otra forma en que la luz solar puede matarte.... ¡primero fue con el cáncer y ahora es con el Covid!

Y entonces, ¿no es esto, por lo tanto, nada más que una vindicación TOTAL de las estrategias gubernamentales en todas partes de ordenar a la gente que se quede en casa y lejos del sol tanto como sea posible? Esta estrategia se vuelve doblemente genial cuando se añaden los mandatos de mascarillas, ya que entonces, en la rara ocasión en que tengas que salir, al menos estás bloqueando aún más los rayos del sol para que no toquen tu cara y, por lo tanto, te hacen aún más saludable y te protegen aún más del Covid.

Así que, como última palabra sobre esta tontería de la vitamina D, amigos, por favor, sigan la ciencia y QUÉDENSE en casa.

Bueno, hay tiempo para que consideremos una última cura charlatana para el Covid y esto solo sirve para exponer aún más a los charlatanes de la salud que están entre nosotros. De hecho, ¿qué podría ser menos científico que la idea de que lo que comemos podría tener alguna influencia en una enfermedad tan horrible como el Covid? No mucho, diría yo, y así que ahora consideremos esta idea completamente perniciosa que real y claramente cae en la categoría de ser una broma total...

¡Nadie me quitará mi derecho a comer helado!

Hay pocas cosas en la vida que me hagan más feliz que el helado y, preferiblemente, uno cargado con masa de galleta y trozos de pastel de chocolate. De hecho, ahora mismo estoy saboreando un poco y está realmente delicioso.

¿Hay algo más inocente que tales placeres? ¡Y sin embargo, algunos de los teóricos de la conspiración nos harían creer que atiborrarse de todas estas montañas de alegría cargadas de azúcar es más probable que nos haga morir de Covid! Dios mío, hablen de alarmistas y profetas de la fatalidad... ¡como si tales fuentes de felicidad pudieran hacer tal cosa! Realmente dice mucho sobre la mentalidad de estas personas que, cuando todos nosotros estamos realizando un valiente acto de autopreservación quedándonos en casa y horneando pastel de chocolate, ellos nos dicen que estaríamos mejor comiendo saludablemente y saliendo a tomar un poco de aire fresco. Hablen de personas que tienen sus prioridades vitales totalmente al revés.

Así que ahora vamos a aniquilar esta idea descabellada de que las intervenciones en el estilo de vida deberían ser de alguna manera parte de la respuesta de salud de un gobierno al Covid, de una vez por todas. Como siempre, comencemos desacreditando el tipo de 'evidencia' que utilizan los teóricos de la conspiración.

Un ejemplo es un estudio de la Universidad de Tulane publicado en *Diabetes Care*. Encontró que aquellos con 'síndrome metabólico', un término del que nunca había oído hablar en mi vida pero que aparentemente se caracteriza por presión arterial alta, azúcar en sangre alta / diabetes, obesidad, triglicéridos altos y colesterol HDL bajo, tenían 3,4 veces más probabilidades de morir de Covid y cinco veces más probabilidades de ingresar en la UCI, y esto tiene algo que ver con cómo estas condiciones hacen que el Covid tenga más probabilidades de entrar en algo llamado receptor ACE-2 o algo así, también algo de lo que nunca había oído hablar, para ser honesto.

En cualquier caso, ni siquiera sé por dónde empezar con este estudio. Para empezar, es evidentemente 'discriminatorio por tamaño' al meterse con nuestros amigos más gorditos. Quiero decir, a las personas con sobrepeso les lleva mucho tiempo aceptar y amar sus considerables cuerpos y luego aparecen estudios como este que intentan sugerir que tener sobrepeso no es saludable. ¡Qué estereotipo tan descarado! ¿Por qué los autores no van y se meten con alguien de su propio tamaño?

En segundo lugar, ¿qué sugerirían estos investigadores, que se debería animar a la gente a comer menos chocolate, pasteles y patatas fritas y a comer más pescado y verduras? ¡La sola idea de que un gobierno pueda interferir así en la vida de las personas me parece a la vez absolutamente espantosa y una invasión de las libertades civiles más fundamentales! No soy filósofo, pero si hay algo en la vida que sé con certeza que conduce a la felicidad es el helado y ningún gobierno me quitará JAMÁS la libertad de comer todo lo que quiera. Y si lo hicieran, pueden estar seguros de que estaría en las calles protestando junto con mis amigos amantes de Ben & Jerries. Bueno, no querríamos esforzarnos demasiado, pero, sin duda, al menos ocuparíamos el centro de la ciudad con nuestros coches, tocando la bocina y haciendo saber nuestro descontento general alto y claro.

De todos modos, lleva mucho tiempo revertir las condiciones de salud y eso si es posible, francamente. Aunque, de nuevo, estos locos señalarán todo tipo de cosas. Uno es un estudio de Italia, de todos los lugares, 'Impacto a medio y largo plazo de la dieta cetogénica muy baja en carbohidratos en los factores cardiometabólicos' que siguió el efecto de una dieta baja en carbohidratos en 377 pacientes durante un año y su peso corporal, azúcar en sangre, presión arterial, niveles de lípidos y metabolismo de la glucosa. Lo que el estudio afirmó encontrar fue una 'mejora significativa' en todas estas áreas.

Miren, vivimos en una era de noticias falsas y la sola idea de que un estudio así emane de la tierra de la pizza y la pasta me parece francamente extraña. Pero incluso si es cierto, e incluso si todos estos parámetros de salud mejoraron, ¿qué pasa con otros aspectos de la salud de estos pacientes que no fueron estudiados, eh? Por ejemplo, ¿qué pasaría si el verdadero hallazgo de este estudio hubiera sido: '377 pacientes obligados a someterse a una dieta de casi inanición pierden peso pero ahora también sufren un trastorno depresivo mayor e ideación suicida debido a la ausencia de tiramisú y panettone regulares'? Ahora, eso le daría un giro diferente a las cosas, ¿no?

E incluso cuando se observan estudios como los de Phinney & Volek que afirmaban mostrar que una dieta cetogénica baja en carbohidratos resultó en que 147 de 262 pacientes diabéticos revirtieran su condición después de solo 10 semanas, realmente eso sigue siendo un tiempo HORRIBLEMENTE largo para apegarse a algo para obtener resultados. Especialmente cuando solo se necesitan un par de horas para ir a por tu 8º refuerzo y luego ya estás listo para un par de meses más. De hecho, si cediera un poco, sugeriría que las calorías quemadas por el esfuerzo de ir a tu centro de vacunación local seguramente darán un impulso de salud a aquellos que tienen sobrepeso. Y por eso deberíamos hacer lo que sea necesario para animar a estas personas a hacer el viaje para vacunarse... De hecho, pensé que la política en algunos estados de EE. UU. de ofrecer a la gente dulces y pasteles gratis a cambio de la inyección era el incentivo perfecto. Ahí lo tienen, negacionistas del Covid, ¡esa es una situación clara en la que comer pastel es BUENO para su salud! Y un ejemplo perfecto de una política de salud gubernamental amable, no solo más zanahoria que palo, sino, se podría decir, más galleta que palo.

Y así, si no les importa, tengo este bote de delicias que terminar.

10

CAPÍTULO DIEZ: EL GRAN REINICIO (O 'EL PLAN TAN NECESARIO PARA SALVAR A LA HUMANIDAD DE SÍ MISMA')

Bueno, mi querido lector, casi hemos llegado al final de este libro. Ha sido un viaje, ¿verdad? Ciertamente me he divertido mucho escribiéndolo. De hecho, he disfrutado enormemente desmantelando todos los mitos antivacunas más prominentes y espero que usted haya disfrutado igualmente viendo cómo sus dudosas premisas quedan expuestas de una vez por todas.

Pero aún no hemos terminado....no, de hecho, no podría usted revisar el feed de Twitter de un teórico de la conspiración de la Covid por mucho tiempo sin encontrar mención de los supuestos manejos nefastos del Foro Económico Mundial ('World Economic Forum' - WEF) y su agenda del 'Gran Reinicio'. En este caso, la idea parece ser que el WEF ha estado utilizando su extensa red de miembros actuales y anteriores, muchos de los cuales son ahora Presidentes y Primeros Ministros, para introducir un futuro verdaderamente distópico en el que todos los ciudadanos tienen 'pasaportes' de identificación digital, calificaciones de crédito social y sus vidas microgestionadas por élites globales. ¡Imagínese que la Covid-19 se convierta en Covid-1984!

¡Suena looooco, ¿verdad?

¡Así que, ¡vamos a nuestra última ronda de desmitificación!

Klaus Schwab: Un Sabio Swami para Nuestros Tiempos

Cuando se trata del llamado 'Gran Reinicio' ('The Great Reset'), la mayor parte de la ira antivacunas se dirige hacia el jefe del WEF, Klaus Schwab. Durante años, afirman, este hombre ha estado influyendo en los líderes mundiales con sus ideas de la 'Cuarta Revolución Industrial' a través de las reuniones anuales del Foro en Davos y su programa 'Jóvenes Líderes del WEF'. Pocos antivacunas no habrán visto el clip en el que habla de su orgullo por el éxito de este programa y de sus muchos graduados que se han convertido en Primeros Ministros en todo el mundo (entre ellos muchos de mis favoritos de póster, incluyendo a mi amigo Justine Trudy, Jacinda Ardern, Angela Merkel y Emmanuel Macron, todos los cuales, hay que decirlo, hicieron un trabajo impecable con la Covid). En este video, habla con orgullo de 'penetrar los gabinetes', lo que para las mentes conspirativas parecería referirse a algún tipo de infiltración ideológica, pero seguramente, si acaso, ¿no es esto solo un caso de una inocente broma de vestuario sobre la sustancial virilidad del hombre? Bueno, todo lo que puedo decir es que él claramente se cuida y debe ser una gran captura y si yo fuera (una líder femenina, por supuesto) la jefa de un país y me encontrara más alegre después de unas copas de champán la última noche del Foro de Davos, bueno, no creo que nadie pudiera detenerme....

En fin, en cuanto a la idea de una agenda del 'Gran Reinicio', ¿ha oído alguna vez algo más excéntrico o francamente disparatado? ¡No, yo tampoco! Es decir, el término en sí me parece completamente extraño. Por eso, cuando un día vi en Amazon un libro titulado 'Covid-19: El Gran Reinicio', pensé que debía ser de algún prominente teórico de la conspiración o similar. Pero entonces vi que el autor no era otro que el propio Klaus y me quedé un tanto sorprendido. Quizá el gran hombre se estaba riendo de los antivacunas, pensé, apropiándose de su terminología y demás en una especie de sátira humorística que exponía sus mentiras, pero no, fui a leer el libro, y lo que encontré fue un voluminoso tratado sobre cómo el mundo necesita ser remodelado como resultado de la pandemia de Covid, así como muchas ideas sobre cómo se puede lograr esto.

Muchas preguntas rondaban por mi mente. ¿Por qué Klaus eligió usar exactamente la misma frase 'Gran Reinicio' que los antivacunas habían afirmado (seguramente erróneamente) que él había acuñado por primera vez? ¿Y por qué estaba proponiendo una agenda para un tipo de mundo completamente nuevo cuando eso es también exactamente de lo que los antivacunas lo habían acusado? ¿Había algo, me pregunté a mí mismo larga y profundamente, *más* sucediendo?

Pero no, entonces concluí con absoluta certeza, ¡que simplemente no puede ser el caso! Después de todo, ¡personas como Klaus y yo somos los buenos! Y claro, si lo piensas, ¿no es obvio que el mundo necesita ser remodelado? Y así volví a leer el libro completo de Klaus con una mente más abierta y ¡no me enamoré entonces de las elevadas ideas que contenía y el Tomás dudoso dentro de mí fue puesto al fondo de la clase donde pertenece! No hay una conspiración oscura aquí, oh no, eso puedo decirlo con seguridad. Más bien, este es el caso de un ser iluminado, un tipo Buda o Jesús, que propone una hoja de ruta que todos podemos seguir para mejorarnos. Este es verdaderamente el plan para un mundo hermoso, uno donde todos tendremos sostenibilidad hasta por las orejas y estaremos llenos de los más altos niveles de bienestar imaginables. Por supuesto, los antivacunas no quieren ese tipo de cosas, ¿verdad? Los desgraciados que son. Están felices de que el clima se esté quemando, de que la vida sea todo sobre la codicia y así sucesivamente, y no podrían imaginar un mundo mejor ni aunque lo intentaran.

Mire, es cierto que el libro de Klaus está lleno de un lenguaje extremadamente inteligente y, para ser honesto, me costaría transmitir adecuadamente la majestuosa naturaleza de sus ideas. Pero no es necesario hacerlo, ya que el WEF ha estado publicando videos cortos durante los últimos años con puntos clave fáciles de entender para que el resto de nosotros podamos comprender cómo se desarrollará El Gran Reinicio. Y uno de estos videos en particular puso a los antivacunas en pie de guerra y, como verá, sin ninguna buena razón.

Ahora bien, este video, que describe el mundo en 2030, incluía la frase: "Para 2030, no poseerás nada y serás feliz." Y, típicamente, esta orden perfectamente benigna ha sido utilizada como 'evidencia' por aquellos de disposición excéntrica de que el Gran Reinicio está marcando el comienzo de un futuro verdaderamente distópico.... ¡como si hubiera algo malo en querer que todos seamos felices! ¡Oooh, tan malvado y siniestro.... ¡NO! Y más que eso, creo que si alguien aparece y sugiere que hay una manera para que todos seamos felices, deberíamos tomar nota y escuchar con mucha atención, ¿no cree? Después de todo, Klaus y sus amigos me parecen los más felices de los campistas y, si conocen el secreto de una buena vida, me gustaría que me lo contaran... de hecho, me imaginaría que no están hablando de cualquier felicidad, sino más bien de algún tipo de felicidad profunda, duradera y completa….

Hagamos una pausa por un momento. ¿No suena bastante bien la idea de ser 'completamente feliz'? Es decir, ¿quién no querría ser completamente feliz? Por lo que a mí respecta, si Klaus y su pandilla han encontrado una manera de mantener nuestros niveles de serotonina permanentemente elevados, entonces estoy totalmente a favor. ¡Distopía, mis narices!

¿Y cómo se logra esta 'felicidad completa'? Bueno, no poseyendo nada, por supuesto. ¿Y cómo funciona eso, exactamente? Bueno, aquí es donde tenemos que inclinarnos ante los poderosos principios filosóficos que subyacen a esta hermosa visión para nuestro futuro colectivo. Todos sabemos que la búsqueda de bienes materiales, también conocido como El Sueño Americano, no conduce a la felicidad. Por lo tanto, podemos concluir que: tener muchas cosas haría a alguien muy infeliz, tener bastantes cosas haría a alguien moderadamente infeliz, tener pocas cosas haría a alguien un poco infeliz y no tener nada en absoluto haría a alguien completamente delirante de alegría. '¡Toma eso, Aristóteles!' es todo lo que puedo decir.

Y así, en lugar de poseer algo, alquilaremos todo lo que necesitemos como 'servicios' de ciertas grandes empresas multinacionales. Ahora bien, los propietarios de esas empresas, por supuesto, 'poseerán' estas cosas y, por lo tanto, serán las únicas personas en todo el planeta que aún posean algo. Pero dado que esto significa que esencialmente poseerán todo en el mundo, y porque *no* poseer cosas es lo que hace a la gente muy feliz, solo podemos asumir que estas personas serán *extremadamente* infelices (como en 'deprimidos, por favor mátenme ahora' infelices). Lo que esto realmente nos muestra es cuán altruistas y desinteresadas son estas personas y cómo deberíamos estarles agradecidos por sacrificar su propia felicidad para que nosotros, en cambio, podamos ser verdaderamente alegres y generalmente en un estado de euforia casi constante.

¿No es todo esto la cumbre de la perspicacia filosófica sobre la condición humana? Platón, los estoicos, Confucio, Lao-Tzu.... todos ellos lidiaron con la cuestión de la felicidad humana y llegaron a sus propias respuestas, todas las cuales palidecen en comparación, estoy seguro de que estará de acuerdo, con la concepción que nos ofrece Klaus. Y así, yo, por mi parte, siempre le estaría agradecido por haber encontrado el lado positivo en la nube de la Covid. Pero entonces, apenas deberíamos sorprendernos. ¿Sabía que publicó su tomo sobre la Covid-19 solo cuatro meses después del inicio de la pandemia? Que él haya detectado el potencial que la Covid nos ofreció para un cambio a gran escala a nivel mundial en tan corto período de tiempo.... ¿no es este el mayor testimonio de la laboriosidad y la naturaleza generalmente luminosa del hombre?

De hecho, realmente no sé cómo alguien, y mucho menos los antivacunas, podría tener un problema con Klaus Schwab. Esa gente podría comparar su aspecto con el de un villano de Bond, pero para mí, el hombre tiene rasgos amables y benévolos, ojos brillantes y un verdadero deseo de otorgar regalos a la humanidad. De hecho, mi propio apodo cariñoso para él es 'Santa Klaus', tanto siento que tiene nuestros mejores intereses en el corazón. Ciertamente podría verlo con un traje de Papá Noel, niños a sus pies y en su regazo, y él preguntándoles qué refuerzo quieren para Navidad.

Bueno, hasta aquí la idea de un 'Gran Reinicio' distópico. Espero que ahora pueda ver cómo esto es algo que solo debe ser adoptado. Pero, además de la hermosa visión contenida en las ideas de Klaus, yo mismo creo que también puedo añadir algunas ideas más a la mezcla para hacer del próximo período de la humanidad uno verdaderamente dorado. ¿Recuerda al principio que mencioné que sentía la necesidad de hacer una gran eyaculación? Bueno, es a esto, por fin, a lo que ahora llego...

La Gran Eyaculación de Termonfeckin

¿No leí el otro día que nada menos que el propio Sr. Bill Gates ha escrito un libro sobre cómo lidiar con la próxima pandemia y que la OMS está pidiendo a todos los países que firmen un tratado sobre pandemias? De manera similar, espero que los siguientes cinco puntos que nosotros, en el Instituto de Expertos de Termonfeckin, hemos elaborado con gran detalle puedan contribuir al excelente trabajo presentado por las luminarias de la OMS, el Sr. Gates y, por supuesto, el querido Klaus y todos sus amigos del WEF. Y así, sin más preámbulos, les presento...

'LA GRAN EYACULACIÓN DE TERMONFECKIN'

1. ¡Necesitamos confinamientos climáticos ahora!

Me encantan los pandas. Me encantan los koalas. Me encantan las semillas de chía y me encanta la col rizada. Pero reconozco que no todo el mundo es tan sensible al medio ambiente como yo y por eso propongo que la gente sea obligada a hacer lo correcto para prevenir el cambio climático, quieran o no. Y, al igual que con cualquier cosa que en última instancia es mejor para alguien, amarán su nueva forma de vida en poco tiempo. Bayas de goji y polen de abeja activado para el desayuno, carne falsa y col rizada para el almuerzo e insectos a la barbacoa para la cena, ¿qué hay que no guste?

De manera similar, necesitamos prohibir la carne en las comidas escolares. Por el bien de nuestro planeta, necesitamos animar a nuestros hijos a ser pequeños ángeles éticos y por eso deberíamos informarles que por cada bocado de carne que comen, una niña en África muere a causa del cambio climático.

Por supuesto, a veces los niños necesitan ser persuadidos de maneras más creativas, especialmente aquellos que, por alguna extraña razón, disfrutan bastante el sabor de la carne. Pero aquí está la cuestión: no hay nada que los niños amen más que tirarse pedos. Es absolutamente hilarante y pronto los hace reír a carcajadas. Así que déjenlos comer montañas de lentejas y frijoles y díganles que disfruten de los efectos de los gases tanto como quieran. Y una vez que sus risitas hayan disminuido, aprovechen la oportunidad para transmitir el importante mensaje de que cuantas menos vacas se críen para el sacrificio, menos pedos de vaca se emiten a la atmósfera y que la elección de comida compasiva y genialmente divertida que acaban de hacer ha contribuido positivamente a una reducción neta de las emisiones de metano.

En resumen, uno de los mejores efectos secundarios de los confinamientos por Covid fue la drástica reducción de los niveles de contaminación, tanto en las carreteras como en el aire. De ahora en adelante, necesitamos racionar, si no limitar por completo, el uso de coches privados y controlar exactamente lo que la gente come, no sea que nuestro planeta explote por la acumulación de CO_2. El tiempo es esencial. Sabe, la idea de una moneda digital de banco central podría ser muy útil para los confinamientos climáticos... la gente podría tener una cierta 'asignación' de gasolina o carne. Un bistec al mes y nada más, como el propio Sr. Biden sugirió, siendo un ejemplo perfecto de los efectos neurológicos de una dieta baja en carne. Los confinamientos son una política social maravillosamente adaptable y deberíamos asegurarnos de no confinar su uso únicamente a la Covid.... ¡y por eso insto a los líderes mundiales de todas partes a que los utilicen para salvar el planeta con carácter de urgencia!

2. Por favor, díganos qué hacer

¿Quién de nosotros no sufre un poco de la vieja angustia existencial? Para mí, esto fue completamente curado por la pandemia. Quiero decir, no hay nada como un gobierno que nos confina a nuestros hogares bajo pena de arresto con la orden de ver Netflix y pedir comida para llevar para resolver esa angustia en un santiamén. Tales escenarios proporcionan orden, significado y propósito a nuestras vidas, donde antes no había ninguno. Viktor Frankl, ¡muérdete la lengua!.... en el siglo 21.º, las respuestas a las preguntas más profundas de la vida llegan ya hechas. ¡Solo piense en las facturas de terapia ahorradas!

Así que necesitamos más de esto en el futuro, por favor. La vida ya es bastante difícil sin tener que averiguar qué significa todo esto. Y la comida para llevar es deliciosa de todos modos.

3. Todos somos más cariñosos y compasivos de lo que pensábamos

¿Recuerda cómo hasta hace unos años todos pensábamos que estábamos más solos que nunca, más aislados que nunca, privados de compañía humana y viviendo en un mundo capitalista sin sentido que tenía todas sus prioridades al revés?

¡Oh, cómo la Covid lo ha cambiado todo! De hecho, ¿quién de nosotros no ha sentido, mientras nos autoaislábamos durante quince días, o mientras mirábamos por la ventana a las calles vacías: "Estamos todos juntos en esto.... lo estamos haciendo el uno por el otro." ¡Oh, Maggie Thatcher, ¡realmente existe tal cosa como la sociedad! Apuesto a que la Covid te tiene dando vueltas en tu tumba.

Y esta compasión ha demostrado ser una habilidad transferible. De hecho, cuando me enteré por primera vez de la tragedia que se desarrollaba en Ucrania, pinté mi casa de amarillo & azul para mostrar a todos cuánto me importa su situación (que es muchísimo, por cierto).

Y tan pronto como oí que vendrían refugiados, me puse en contacto con mis autoridades locales para decir que tenía habitaciones libres disponibles. Y claro, justo ayer llegaron Olga y su hijo adolescente, Igor. El único pequeño inconveniente fue que mencionaron que no estaban vacunados, momento en el que llamé a la perrera preguntando si podía hacer un intercambio, pero me dijeron que tendría que conformarme. Entonces le sugerí a Olga que podría considerar vacunarse, solo las dos primeras dosis, podría dejar los tres refuerzos si quería, pero ella respondió '¡Ni muerta! Estamos escapando de líderes totalitarios y sus dictados, muchas gracias' y palabras de ese tipo, para ser honesto, todo se descontroló un poco. De todos modos, quedó bastante claro que no estaban dispuestos, pero afortunadamente han accedido a quedarse en sus habitaciones durante unas semanas mientras yo me dedico a intentar reubicarlos.

En cualquier caso, mi punto es que no debería sorprendernos que todos estemos generalmente llenos de la leche de la bondad humana estos días. Quiero decir, ¿acaso no tenemos todos principios éticos corriendo por nuestras venas? Atrás quedaron las épocas de discriminación, segregación o de obligar a la gente a hacer cosas con su cuerpo que no quieren hacer. Mi cuerpo, mi elección. Realmente no me extraña que los crímenes contra la humanidad que han sido perpetrados por los antivacunas hayan llevado a un apoyo generalizado entre los bienpensantes de nosotros a la vacunación obligatoria y a mantener a estos chiflados lo más lejos posible del resto de nosotros. Apostaría a que incluso si los sujetáramos y los inyectáramos a la fuerza, aún así no expresarían ni un mínimo de gratitud por los manifiestos beneficios para la salud que entonces se producirían. Un verdadero incordio, todos ellos.

4. La guerra de la información es la mitad de la batalla

Somos tan afortunados de vivir en esta época. Imagine si la Covid hubiera ocurrido hace 300 años. El brote en Wuhan probablemente habría sido reportado en *The Times* solo dos meses después y sin duda solo en una pequeña noticia al pie de la página 7. Y claro, para entonces, el virus ya habría llegado a Londres y todos sus médicos habrían estado bajo la errónea impresión de que simplemente estaban presenciando un mal año de gripe y sin duda tratando a sus pacientes bajo esa suposición. Y así, nadie habría sido más sabio y probablemente habría seguido con sus vidas con normalidad, un caso tan obvio de que la ignorancia no es felicidad como se pueda imaginar.

Y claro, en el fin del mundo en la llanura americana, las selvas mayas o los Andes, nadie habría oído hablar de ello en absoluto, mientras que las tribus pastoriles de Tanzania habrían continuado su pastoreo de cabras catastróficamente ignorantes del peligro fatal en el que se encontraban (ellos y sus cabras).

Ahora, ¿puede usted imaginar honestamente algo más horrible que tal escenario? Tal posibilidad me parece la distopía de todas las distopías, para ser totalmente franco.

Así que todos deberíamos estar agradecidos de que los gobiernos y las empresas tecnológicas pudieran informarnos sobre todo lo relacionado con el virus, las últimas muertes y el número de casos, y exactamente cómo deberíamos pensar sobre sus diversas artimañas. No recuerdo el nombre de la luminaria que dijo que no hay nada como una radio en cada hogar para hacer que todos se desvivan por cumplir las órdenes de su gobierno, pero era una persona muy inteligente, eso es seguro. Así que, ¡brindemos por la fusión cada vez más estrecha de las grandes tecnologías y los gobiernos! ¡Hip, hip, hurra!

5. Necesitamos ser más duros con los antivacunas desde el principio

No sé usted, pero a mí me resultó absolutamente horrible enterarme de que existían tantas personas con una mentalidad conspirativa y de "sombrero de papel de aluminio". Para mí, esto plantea claramente la pregunta de por qué a esas personas no se les ha mantenido bajo estrecha vigilancia todo el tiempo. Por ejemplo, ¿por qué los gobiernos están contentos de mantener a los presuntos terroristas bajo vigilancia pero no a los antivacunas? Claro, los terroristas solo son responsables de la muerte de un puñado de personas de vez en cuando, mientras que los antivacunas son posiblemente culpables de millones de muertes en todo el mundo y, como tales, representan una amenaza mucho mayor para la seguridad nacional de cualquier gobierno. Por lo tanto, como mínimo, estas personas deben ser monitoreadas junto con otros terroristas.

Sin embargo, soy de la firme opinión de que los gobiernos deben ir mucho más allá cuando se trata del problema antivacunas. En particular, mi principal recomendación es que los antivacunas deberían estar obligados a usar sombreros de papel de aluminio en público para que los ciudadanos buenos y respetuosos de la ley sepan mantener su distancia. Esto no es solo porque estar demasiado cerca podría arriesgar la exposición a peligrosas gotitas en el aire, sino también porque podría correr el riesgo de adquirir sus extrañas opiniones, ya sea por escuchar sus neurónicos murmullos o simplemente porque su comportamiento imparte naturalmente una cierta visión contraria del mundo. De manera similar, creo que deberían construirse campamentos especiales donde los no vacunados voluntariamente puedan vivir durante la duración de cualquier pandemia e infectarse mutuamente tanto como quieran. Siempre me he preguntado exactamente cuál era el propósito del Condado de Offaly, por ejemplo... ¿no podría convertirse en un campamento a gran escala para los no vacunados? En mi opinión, esta sería una solución más que adecuada y, con suerte, definitiva al problema antivacunas.

Así que ahí lo tienen, esos son los cinco puntos principales de La Gran Eyaculación de Termonfeckin, todos los cuales deben ser abordados con urgencia, no solo porque la Covid no va a desaparecer, sino porque ya existen nuevas amenazas para la salud en el horizonte inmediato. ¿Cómo lo llamaron, Viruela del Mono o algo así? Claramente necesitamos desarrollar una vacuna para esta nueva enfermedad como máxima prioridad y, por supuesto, pases de salud para la viruela del mono mediante los cuales las personas tengan que demostrar no solo que están vacunadas sino también que no son un mono. De hecho, vi un caso muy triste de lo que probablemente sea algún nuevo tipo de plaga el otro día, un tipo en las afueras de Termonfeckin, rebuznando para sí mismo, sin duda sufriendo el primer caso mundial de Viruela del Burro. Vivimos en un mundo muy peligroso, de eso podemos estar seguros, y necesitamos estar preparados para todas las eventualidades.

Pero por muy peligroso que sea el mundo, sigo siendo muy optimista sobre su futuro, principalmente debido a los visionarios que nos guían en la dirección correcta. De hecho, la otra noche tuve el sueño más hermoso, hermoso, sobre nuestro futuro colectivo....

El Sueño de Oisín del Futuro: El Mundo en 2030

Mire, sé que hablar de todas las tonterías antivacunas probablemente ha sido un poco deprimente a veces, pero deseo terminar este libro con una nota realmente positiva. De hecho, en pocas palabras, creo que hay mucho que esperar. Contar mis bendiciones antes de que alguien les clave un hacha siempre ha sido uno de mis pasatiempos favoritos y últimamente he estado tan generalmente eufórico que incluso mi subconsciente ha estado trabajando en ello. De hecho, tuve el sueño más maravilloso la otra noche. Todavía me pone la piel de gallina cuando pienso en él. Deseo registrarlo aquí como un retrato profético del mundo en 2030, un retrato que espero, rezo y creo que se hará realidad....

"Es temprano por la mañana y acabo de despertarme. Como siempre, me encanta hablar con mi querida esposa a primera hora de la mañana, no hay nada como susurrar dulces naderías y compartir sueños sobre esto y aquello mientras los pies rosados del

amanecer se elevan sobre la ciudad. Y así, inmediatamente abro Zoom y la llamo.

“Assumpta, cariño, ¿cómo va todo ahí arriba en el ático?”

“Ah, claro, está genial, Oisín. Pensarías que te cansarías después de un año, pero en realidad siempre hay una telaraña que limpiar y claro, puedes ver la montaña de jerséis que he tejido detrás de mí.”

“¿Y no estás aburrida en absoluto, verdad, querida?”

“Claro que no. Quiero decir, todos tenemos que poner de nuestra parte y si los expertos dicen que todos tenemos que quedarnos en habitaciones separadas para aplanar la curva, entonces eso es lo que tenemos que hacer, ¿no?”

“¡Esa curva se aplanará un día, Assumpta, y qué día será ese!”

“¡Oh, será la curva más plana de la historia, mi amor! No puedo esperar.... ah, espera, son las 8 AM, ¿no hay un anuncio ahora de nuestro Líder Mundial de por Vida?”

“¡Oh, sí lo hay! Bien recordado, encenderé la radio ahora.”

‘Y así ahora vamos en directo a Suiza, donde nuestro glorioso Líder Mundial de por Vida se dirige al Protectorado de las Islas Célticas.

“Buenos días, mis pequeñas ovejas. ¿Cómo están hoy? Tengo noticias maravillosas para todos ustedes. De hecho, parece que la situación actual con la subvariante Omega Plus Plus Plus za.3 se está estabilizando en todo el Protectorado de las Islas Célticas, con la excepción de la región de Galway. Por lo tanto, es solo cuestión de un corto período de tiempo, quizá solo unos pocos meses, antes de que se permita nuevamente socializar dentro de los hogares y, de hecho, que los ciudadanos puedan pararse en la puerta de sus casas. Si todo sigue yendo bien, las caminatas cortas hasta la puerta principal podrían ser factibles a principios del verano.

Pero mi mensaje de esta mañana no es del todo positivo. Para aquellos de ustedes que no han atendido el llamado a recibir su 52.º refuerzo, incluso después de nuestra segunda advertencia, tenemos un mensaje muy importante. Miren afuera, sí, ahora mismo, así es.... ¿qué ven? ¿Ven a esos hombres parados afuera de su casa con trajes Hazmat? Esos son sus Oficiales de Protección Covid locales y están aquí para llevárselos. Adiós, ustedes, ovejitas traviesas, traviesas, que ya no querían ser parte del rebaño, adiós...'"

La transmisión termina y oigo gritos. Corro a la ventana y miro afuera. "¡Oh, Dios mío, Assumpta, son nuestros vecinos, Séan y Sandra, ¡están siendo llevados por un equipo de OPC!"

"¡Oh, qué horrible, Oisín, qué mundo en el que vivimos ahora...."

"¡Lo sé, pensar que estuvimos viviendo al lado de antivacunas todo este tiempo!"

"Es demasiado horrible para contemplar. Pero, por otro lado, me siento mucho más segura ahora sabiendo que se han ido."

"Yo también. ¡La seguridad ante todo! Dime, ¿estás bien de provisiones ahí arriba, querida?"

"¡Oh, absolutamente, tengo muchas lentejas enlatadas para seguir adelante. Y creo que tomaré col rizada y huevos veganos para el desayuno. Todavía no sé cómo pudieron hacerlos, claro que nunca se diría que no son de gallina. ¡Y no tienen colesterol!"

"Pero, ¿es realmente una sorpresa, Assumpta, cuando piensas en lo que han podido hacer con las vacunas, ahora modificadas con éxito por 33ª vez para lidiar con todas las variantes que la Covid, el diablo que es, ha intentado inventar..."

"Tienes tanta razón, Oisín. ¡Vaya, qué suerte tenemos de estar vivos en estos tiempos!"

"Sí que la tenemos, sí que la tenemos, muchísima, muchísima suerte."

Y con eso, me desperté, todo sonrisas, un cálido resplandor sobre todo mi cuerpo.

¡Ah, que todo esto se cumpla y que todos tengamos tanta suerte!

¡Así que únase a mí, querido lector, y haga lo que yo he hecho, y luche.... ¡luche por nuestro futuro! Porque ¿no es cierto, como creo que se dijo una vez en Toy Story, que no hay suficiente oscuridad en todo el mundo para apagar la luz de una pequeña vela?[1]

NOTAS

1. Capítulo Uno: ¡Desmontando mitos negacionistas del Covid!

1. Eso creo, Oisín - Ed.

2. Capítulo Dos: Las Muchas Alegrías & Bendiciones del Confinamiento

1. Trad: 'Eficacia de añadir una recomendación de mascarilla a otras medidas de salud pública para prevenir la infección por SARS-CoV-2 en usuarios de mascarilla daneses: un ensayo controlado aleatorio'

3. Capítulo Tres: Las Guías de Oisín para...

1. ENLACE NO FUNCIONA.

5. Capítulo Cinco: El Salón de la Vergüenza del Confinamiento

1. Según lo informado en el periódico *The Sun* el 3rd de junio de 2020.

6. Capítulo Seis: ¡Todos a Arremangarse la Manga!

1. A partir de la marca de 2:30 minutos en su actualización de Covid aquí: www.facebook.com/jacindaardern/videos/in-case-you-missed-the-details-of-our-omicron-response-package-quick-update/309617111058801/
2. Con la excepción de Robert Malone, por supuesto (un canalla con quien trataremos en el próximo capítulo).
3. Trad: 'Impronta inmunitaria, amplitud del reconocimiento de variantes y respuesta del centro germinal en la infección y vacunación humana por SARS-CoV-2.'

7. Capítulo Siete: ¡Entran los antivacunas!

1. Refuto este descabellado artículo en el próximo capítulo.
2. Deseo dejar constancia, como Rector del Instituto de Expertos de Termonfeckin, de que en general me han asombrado los desarrollos que han surgido últimamente de la Universidad de Bristol, un establecimiento educativo hasta ahora muy subestimado. Por ejemplo, recientemente fueron la primera universidad del mundo en dejar claro que no tolerarán la discriminación hacia ningún estudiante o miembro del personal que se autoidentifique como gato, es decir, aquellos que son 'catgénero'. Sin duda, dichos estudiantes tendrán baños separados con cajas de arena donde finalmente podrán satisfacer las llamadas de la naturaleza tal como la naturaleza misma lo quiso. De hecho, el ejemplo de Bristol me ha dado la intención de reflexionar sobre cómo nosotros también, en el I.E.T., podemos ser más complacientes con aquellos de nuestros estudiantes que forman parte de la comunidad CDLWQ+ (esa es la comunidad GatoPerroLinceLoboCuestionando + por si no lo sabías ya, intolerante).

8. Capítulo Ocho: ¡Desmontando los mitos antivacunas!

1. Trad: 'Epidemiología de la miocarditis/pericarditis aguda en adolescentes de Hong Kong después de la vacunación con Comirnaty'

9. Capítulo Nueve: Curas Charlatanas para el Covid

1. Ehm, Oisín, en realidad fue una mortalidad 'disminuida'. ¿Deberíamos dejar esto? (Ed.)
2. Según lo informado en *Irish Examiner*, el 19 de febrero de 2021 ('Vitamina D: ¿Puede la vitamina del sol ayudar a dejar el Covid en la sombra?')

10. Capítulo Diez: El Gran Reinicio (o 'El Plan Tan Necesario para Salvar a la Humanidad de Sí Misma')

1. ¿No fue Tolstói quien dijo eso, Oisín? (Ed.)

www.ingramcontent.com/pod-product-compliance
Lightning Source LLC
Chambersburg PA
CBHW051946290426
44110CB00015B/2129
* 9 7 8 0 9 4 7 8 7 4 1 7 9 *